무기력한 날엔 아리스토텔레스

무기력한 날엔

아리스토텔레스

Agir
avec
Aristote

다미앵 클레르제-귀르노 지음
김정훈 옮김

차례

III 적용하기 — **탁월한 사람처럼 행동하라**

IV 내다보기 — **절도의 이상을 겨냥하라**

마르고와 폴에게

창조의 경제를 넘기,
몸짓들의 피를 키우기,
온 빛으로 빛지기

— 르네 샤르, 『분노와 신비』

이 책의 활용법

이 책은 여느 철학책과는 좀 다르다. 철학은 언제나 야심만만하게도 우리가 어떤 존재인지를 이해하도록 함으로써 우리 삶을 좀더 나은 것으로 향상시키려고 했다. 그러나 대부분의 철학 서적은 특히 진리 문제에 관심을 기울여왔고, 이론의 토대를 닦는 데 모든 힘을 쓴 나머지 실제로 적용하는 데는 관심을 두지 않았다. 그와 달리 이 책에서는 우리 삶을 바꾸기 위해 위대한 철학에서 이끌어낼 수 있는 것에 관심을 기울일 것이다. 일상의 소소한 일들, 우리가 삶을 바라보는 시선과 삶에 부여하는 의미까지 바꿀 수 있도록 말이다.

하지만 자신의 이론을 점검하지 않고 실천 방향을 바꿀 수는 없는 법이다. 행복을 얻고 자신을 활짝 피워내는 일에는 성찰의 노력이 마땅히 필요하며 그것 없이는 잘되지 않는다. 우리는 독자의 기분을 맞추려고 한다거나 일부 자기계발서가 제시하는 손쉬운 비결을 내놓지는 않으려고 노력할 것이다. 새로운 행동 방식과 삶의 방식에는 언제나 새로 생각하고 자기를 이해하는 방식 또한 포함되게 마련이다. 그리하여 우리는 때로 아찔하기까지 한 생각의 즐거움을 발견하게 될 텐데, 그것으로도 이미 우리 삶은 바뀌기 시작할 것이다.

이런 이유로 독자들에게 자기 자신에 대해 질문해보라고 권하기에 앞서 몇 가지 개념에 대해 숙고하기를 당부하는 바다. 먼저 문제를 규정하고 나서 새로운 이론의 도움을 받아 그런 문제를 해석해야 한다. 그러면 결국 구체적인 행동을 통해 문제를 해결할 수 있을 것이다. 생각하고 느끼고 행동하는 방식을 바꾸고 나서야 더 넓은 삶의 범위와 삶의 의미에 대해 자문해볼 수 있을 것이다. 그래서 이 시리즈에 포함된 책은 각각 크게 네 부분으로 나뉘어 다음과 같이 진행된다.

I. 진단하기

먼저 해결해야 할 문제를 규정할 것이다. 우리는 무엇으로 고통받고 있으며 인간의 조건을 결정하는 것은 무엇인가? 우리의 방황과 이런저런 착각을 정확히 어떻게 이해할 것인가? 문제를 제대로 파악하는 것만으로도 이미 해결을 향해 첫발을 내딛은 셈이다.

II. 이해하기

그렇게 명확히 이해하는 데 철학은 어떤 새로운 것을 가져다줄 것인가? 우리 삶을 장악하려면 어떤 점에서 우리가 이해하는 방식을 근본적으로 바꾸어야 하는가? 여기에서 소개하는 철학자의 가장 혁신적인 주장의 도움을 받아 독자들은 자기 자신을 새로운 시선으로 바라보게 될 것이다.

III. 적용하기

인간에 대한 이런 새로운 생각은 우리가 행동하고 살아가는 방식을 어떻게 바꾸는가? 이 새로운 철학을 어떻게 일상에 적용할까? 어떻게 우리 생각이 우리의 행동을 바꾸고, 행동이 그 자체로 우리의 모습을 바꾸는가? 여기에서 독자들은 일상에 적용할 수 있는 처방을 발견하게 될 것이다.

IV. 내다보기

끝으로 좀더 형이상학적이고 사변적인 철학적 주장을 제시할 것이다. 지금까지 독자들이 일상의 삶을 더 잘 관리할 수 있는 법을 배웠다면, 이제 자신의 존재를 더 분명하게 이해하기 위해 더 전반적인 의미를 발견해야 한다. 앞에 나온 세 장에서는 더 잘살기 위한 방법과 수단을 가르쳐주었다면, 이제 이 마지막 부분에서 독자들은 삶의 목적, 삶의 궁극적 목적에 관한 질문에 직면하게 될 것이다. 삶의 목적은 세계와 그 안에서 내가 차지하는 위치에 대한 총체적이고 형이상학적인 전망 없이는 규정할 수 없다.

이 책은 읽기 위한 책일 뿐 아니라 행동하기 위한 책이기도 하다. 각 장마다 제시된 주장에 뒤이어 여러분의 삶에 관한 간단한 질문이 나온다. 수동적인 자세를 취하지 말고 소맷자락을 걷어붙여 여러분의 경험에 대해 질문하고 거기에서 솔직하고 적절한 답을 찾아내라. 구체적인 훈련은 철학의 가르침을 삶에 적용하도록 이끌어줄 것이다. 그와 같은 방식으로 철학의 가르침을 자신의 것으로 만들고, 이런 가르침을 진지하게 실천할 수 있는 적합한 상황을 찾아보도록 노력하라.

여행을 떠날 준비가 되었는가? 놀라운 여행이 될 수도 있고, 때로는 따분하고 때로는 충격을 주는 일면이 드러날지도 모른다. 새로운 사고 방식 속으로, 그래서 새로운 삶의 방식 속으로 뛰어들어 흔들림을 느낄 준비가 되었는가? 기원전 4세기의 한 철학자의 생각을 관통하는 이 여행은 여러분을 자신의 가장 깊은 내면으로 데려다줄 것이다. 책장을 넘겨가며 질문과 생각의 고리를 따라 아리스토텔레스의 사유가 어떻게 여러분의 삶을 바꿀 수 있는지 발견해보라.

I

진단하기

언제나
더 많이
원하다

고통을 겪는 것으로 이미 충분하다. 왜 또 거기에 잘못했다는 느낌까지 덧붙여야 하는가? 그러니까 왜 두 번 괴로워해야 하는 것인가. 한 번은 고통으로 한 번은 후회로 말이다. 우리는 이렇게 생각한다. "그랬어야 했어. 잘못 행동한 것 같아, 잘못 대응한 것 같아." 우리는 자꾸만 되씹는다. 우리는 자신이 스스로 선택하지 않았고 아마 피할 수도 있었을 고통의 희생자라고 생각하는 만큼이나 그 고통을 일으킨 장본인이라고 생각하면서 자신을 짓누른다. 만일 그때 그러지만 않았어도…….

자신의 잘못이라고 생각하면 틀린 것일까? 어쨌든 우리에게 일어나는 모든 일에 대해서 책임을 질 수는 없다. 때때로 예고 없이 닥쳐오는 이런저런 사건을 막기 위해 우리가 할 수 있는 일은 아무것도 없다. 사고, 넋을 잃게 만드는 갑작스러운 죽음, 우연한 만남에 내맡겨진 실패한 사랑. 그러나 우리가 좌우할 수 없는 이 모든 비극은 우리 쪽에서도 어떤 반응을 불러일으킨다. 불시에 닥쳐오는 사건이 우리 때문에 일어난 일이 아닐 수 있다고 해도 그 사건을 우리가 어떻게 받아들였는지, 어떻게 맞서기로 결정했는지에 대해서는 책임을 진다. 여기서도 우리는 행동하고 미리 대응해야 했는데 때로 나쁜 결정을 내리고 말았고, 그런 나머지 우리를 짓누르는 불행을 줄이기는커녕 오히려 키워갔던 것이다.

도대체 그런 무능력과 통찰력의 결핍과 딱하기까지 한 미숙함은 어디서 오는 걸까? 아리스토텔레스 이전부터 시작되어 그 뒤까지도 오래 이어진 어떤 사고의 전통에서는 이를 우리의 무지에서 온 비참한 결과라고 생각하려 한다. 어쨌든 누군들 활짝 피어난 삶을 살기를 바라지 않겠는가? 우리가 실패한다면, 곧바로 후회하게 될 어리석은 결정으로 불행을 계속해서 키워가고 있다면, 잘못은 어디에 있는가? 앎이 부족해서 그런 게 아니겠는가? 하지만 수없이 많은 상황에서 우리는 자기가 하고 있는 일이 아무런 의미가 없다는 것을, 그렇게 대응하는 것은 어리석고 우스꽝스러운 일이라는 것을 완벽히 알고 있다. 물론 이는 바보 같은 짓이다! 하지만 우리는 다르게 행동하는 것이 불가능하다고 여긴다. 마치 우리에게 치료법이 없는 듯이, 마치 신경 쓰지 않는 것이 더 낫다는 듯이 말이다. 분명히 앎은 거의 영향을 미치지 않는다.

더 나쁜 것은 앎은 때로 덫이 되기도 한다는 사실이다. 이해하려 하고, 삶에 들어 있는 환상을 고집스럽게 추격하고, 이런저런 활동을 하도록 만드는 이유를 끝없이 찾는 일은 많은 경우 문제를 미루는 행동에 불과하다. 우리는 바뀌지 않기 위해서 알기를 바라는 것이다. 자신을 움직이는 것보다는 생각을 움직이는 것이 훨씬 더 쉬우니까, 아니면 단순히 화법만 바꾼 것뿐인데도 자신이 달라졌다고 믿는 게 더 편해 보이니까 말이다. 이때 철학을 한다는 것은 진짜 문제의 해결을 미루는 일종의 도피 행위가 된다. 다른 누구보다도 더 이런 유혹을 경계하라고 말하는 철학자가 있다면 그가 바로 아리스토텔레스다.

> "많은 사람은 이런 일들은 행하지 않고 말로 도피하면서 자신들은 철학을 하고 있다고 생각하고, 이런 방식으로 신실한 사람이 될 것이라고 생각한다. 이들의 태도는 의사의 말을 주의해서 듣기는 하지만 처방전을 전혀 따르지 않는 환자들과 비슷하다. 이런 식으로 치료를 받는 환자들의 신체가 좋은 상태일 수 없는 것처럼, 이런 방식으로 철학하는 사람들의 영혼 또한 좋은 상태

일 수는 없을 것이다."(『니코마코스 윤리학』*, II, 1105 b 12~18)

문제의 본질은 거기가 아니라 다른 차원에 있다. 아리스토텔레스는 그렇게 확신한다. 지금 자신의 모습이 마음에 들지 않을 때, 그 때문에 괴로워하다 지쳐버렸을 때, 인생에서 잘되지 않은 것들을 변화시키는 일은 단순한 생각의 변화와는 아주 다른 무언가를 필요로 하는 것이다.

* 『니코마코스 윤리학』, 이창우, 김재홍, 강상진 옮김, 길, 2004. 앞으로 『윤리학』으로 줄여서 표기할 것이다. 본문 속의 인용문은 국내에 신뢰할 만한 번역서가 있는 경우 그 책에서 해당 대목을 인용하였고, 번역서의 서지를 최초 인용문의 각주에 표시하였다. 아리스토텔레스 저작에서 인용한 원문의 위치 표시는 베커I. Bekker가 편집한 아리스토텔레스 전집을 따랐고 번역서의 쪽수는 따로 명기하지 않았다. 가능한 한 참고한 번역서의 번역을 따르되 본문의 내용과 표현에 어울리도록 약간의 수정을 가했다. 그 밖에 본문에 들어 있는 인용문은 역자가 희랍어 원문과 대조하여 옮겼다.

앎이 아무 소용이 없을 때

갖가지 삶의 문제는 우리의 무지에서 비롯되는 것이 아니다. 앎은 무엇이 '좋은지', 무엇이 '나쁜지'에 대해서는 아무것도 말해주지 않기 때문이다. 이런 물음은 우리의 선호도와 욕망의 소관이다.

좋음과 나쁨에 관하여

우리는 앎이 우리에게 무엇을 해야 하는지를 밝혀주고, 목표를 정해주거나 방향을 가리켜주기를 기대한다. 그런 것은 앎의 기능이 아닌데도 말이다. 이렇게 우리는 삶을 이끌어가는 일에서 앎이 할 수도 없고 맡아서도 안 되는 역할을 앎에게 하도록 시킨다.

"계산 능력도 지성이라 불리는 것도 움직임의 원인이 아니다. 이론적인 지성은 실천적인 것을 생각하지 않으며 피해야 할 것이나 쫓아야 할 것에 대해 말하지도 않는데, 움직임은 뭔가를 피하거나 좇는 것이니 말이다. 그리고 지성이 그런 것에 대해 생각할 때에도 피하라거나 쫓으라고 명령하지는 않는다."(『영혼론』, III, 9, 432 b 26~30)

앎은 참과 거짓을 구별할 수 있도록 해주는 것이다. 앎은 우리에게 사실에 대해서 알려주지만 그것을 평가하고 판단하는 것은 앎의 일이 아니다. 앎은 무엇이 어떠한지에 관해서 말을 하지, 무엇이 어떠해야만 하는지에 관해서는 말하지 않는다. 그래서 앎은 예컨대 솔직함이 때로는 우정에 해가 된다는 것을 우리에게 가르쳐주지만 진실과 우정 중에서 어느 쪽을 더 중요하게 여겨야 하는지를 알려주지는 않는다. 앎은 우리가 지금 괴로워하는 많은 고통스러운 일이 우리의 어린 시절에서 비롯된 것임을 말해주지만 이런 물음에는 대답해주지 않는다. "우리가 거기에서 벗어나려고 애써야만 하는 걸까?" 고통에서 벗어나 좀더 나아지려고 애를 쓰는 바람에 틀림없이 재능에 손해를 입을 수 있는 예술가들도 많이 있다. 이 정도로 그들은 사실상 자신의 고통 속에서 창작 능력을 끌어오고 있는 것이다.

앎은 사실을 제시하지, 규범을 부과하지 않는다. 그런데도 많은 전문가나 학자는 자신의 이론적인 전문성의 권위를 빌려 자신의 판단을 다른 사람이 받아들이도록 강하게 요구하는 경향이 있다. 어떤 사람이 차라리 죽는 것이 더 낫다고 판단할 정도로 고통을 겪고 있는 경우에 의사가 그에게 연명하며 살아가라고 강요할 수 있을까? 의사의 전문성은 생명을 지키고 연장하는 일을 할 수 있도록 하지, 고통받으며 살아가는 것이 좀더 일찍 죽는 것보다 더 가치가 있는지 아닌지를 판단할 수 있게 해주지는 않는다. 하나가 되었든 여럿이 되었든 우리가 추구하기를 원하는 목적을 선택하는 실천적인 결정은 어떤 이론적인 전문능력의 소관도 아니다. 그것들은 선호의 문제인 것이다.

내가 원하는 것은 분명 좋은 것이고……

그러니까 어떤 것이 좋다, 바랄 만하다 하고 단적으로 판단하는 일이 어떤 욕망을 표현하는 것이 아니라면 도대체 무엇이겠는가? 욕망은 단지 우리를 움직이는 그런 힘만은 아니다. 그것은 동시에 우리가 무엇을 좋은 것으로 여기고 있는지에 관한 판단의 한 형태이기도 하다. 욕망의 표현에는 어떤 형태의 지적 표상이 언제나 대응하고 있는 것이다.

"그러므로 일반적으로 (……) 동물은 욕망을 하기에 스스로 움직일 수 있는 것이다. 그러나 표상 없이 욕망할 수는 없다."(『영혼론』, III, 10, 433 b 27~29)

그러니까 어떤 것을 원한다는 것은 결국 은연중에 그것을 좋다고 생각한다는 것이고, 그것의 장점에 대한 판단을 속으로 하고 있는 셈이다. 물론 우리는 어떤 것이 나쁘다는 것을 잘 알면서도 그것을 원한다고 주장할 수도 있겠다. 그러나 어떤 것이 나쁘다고 우리가 정말로 확신을 하고 있으면서도 그것을 계속 욕망할까? 만일 계속해서 그것을 원한다면, 이는 우리가 그것에 어떤 결점이 있다는 사실을 인정하는데도 그것이 결국에는 전체적으로 우리에게 계속 좋아 보이기 때문이다. 이렇게 해서 한 남자가 어떤 여자에게서 수많은 단점을 발견하고 친구들 앞에서 그녀에게는 괜찮은 점이 하나도 없다고 인정하면서도 그 여자를 원할 수 있는 것이다. 사실 그는 그녀의 드러난 모든 결점을 다 씻어버릴 만한 뭔가가 그녀에게 있다고 판단하고 있는 것이다. 그가 꼭 인정하지는 않더라도, 이렇게 말할 때에는 사실 자신의 말을 믿지 않고 있는 것이다. "그래 네 말이 맞아. 그 여자는 정말 괜찮은 데가 없어. 내가 그녀에게서 뭘 보고 있는지 모르겠어……."

좋게 보면 이런 종류의 대화는 자신의 선호도를 정당화하는 데에서 느끼는 곤란함을 표현하고 있다. 나쁘게 보면 그것은 대사를 "무대 위의 배우들처럼"* 암송하게 만드는 어떤 거짓말, 다른 사람들에게서 비난받는 것을 피하기 위해 하는 거짓말이다. 우리는 다른 사람들이 우리에게서 듣고 싶어 하는 것을 말하고 있고, 그래서 우리 욕망이 자신의 진지한 견해와 잘 맞지 않는다는 것을 알려주고 있는 것이다. 그러나 사실은 그렇게 안 맞는 게 아니다. 우리가 관심을 쏟고 있는 사람에 대해서 누가 나쁘게 말하는 것을 듣고 있는 일이 얼마나 힘든지만 생각해봐도 알 수 있다. 만약 우리가 그 사람에 대해 생각하는 것이 그 사람에 대해 느끼는 것과 아무런 상관이 없다면, 우리는 그런 비판을 기꺼이 듣고 있을 것이다. 그러나 그런 비판은 언제나 부당하고 가증스럽게 느껴지는데, 이는 바로 누군가를 원한다는 것은 그가 원할 만한 사람이라고 판단하는 것이기 때문이다. 그래서 그 사람에 대해서 안 좋게 생각하도록 우리를 설득하려는 모든 악의적인 이야기를 견디기 어려운 것이다.

* 『윤리학』, VII, 1147 a 23.

……그리고 역으로도

역으로 어떤 것을 좋다고 생각하는 것은 그것을 곧바로 원하는 것이다.

그러므로 욕망에는 두 가지 측면이 있는 것이다. 하나는 지적인 측면이고(우리는 어떤 것이 바람직하다고 판단한다) 하나는 움직임의 측면이다(우리는 그것에 이르기 위해 노력을 기울인다).

> "대상이 즐거운 것이거나 고통스러운 것일 때 마음은 긍정하거나 부정하며 쫓거나 피한다."(『영혼론』, III, 7, 431 a 9~10)

그러므로 긍정하는 행동과 추구하는 행동 사이에, 부정하는 행동과 피하는 행동 사이에는 밀접한 상관관계가 있는 것이다. 만일 내가 어떤 것이 좋다고 정말로 확신한다면, 나는 참지 못하고 그것을 좇는다. 축구 경기장 관람석에 들어찬 응원단은 자기 팀의 승리가 정말로 바랄 만하다고 생각하기에 이기려고 노력하는 선수들과 함께 긴장하지 않을 수가 없다. 마치 자신이 운동장에 있기라도 한 양 발을 동동 구르고, 결정적인 행동의 순간이 다가오면 숨이 가빠진다. 그들의 마음은 자신이 직접 경기를 뛰었을 때만큼이나 승리를 거두었을 때에는 기쁨으로 가득하고, 패배했을 때에는 괴로움에 사로잡힌다. 그저 경기를 관람하는 것에 그치는 것이 아니다. 그들은 말 그대로 경기를 하고 있는 것이다. 자신의 팀이 틀림없이 이겨야 하리라는 확신을 하고 있는 만큼이나 더욱더 그들을 움직이게 하는 마음의 능력도 적극성을 띤다.

스포츠에 전혀 관심이 없는 사람으로서는 텔레비전 수상기 앞에 서서 셔츠가 축축해질 정도로 흥분을 하는 축구 팬의 과도한 열광을 이해하기 어려울 수도 있다. 이는 축구 팬과는 달리 승리가 절대적으로 바랄 만한 것이라는 믿음이 그에게는 없기 때문이다. 요컨대 그는 축구 팬을 비웃고 있다. 그래서 그는 옆에서 보이는 그런 열광이 유치하다고 생각하면서 너무도 쉽게 아폴론적인 초연함을 보여주고 있는 것이다. 진심으로 믿고 있지 않으면 욕망도 없는 법……. 그리하여 당연한 결과지만 거실의 소파 위에서 발을 동동 구르는 일도 없는 것이다!

약한 욕망에서 확실함으로

그러므로 욕망은 일종의 강한 믿음이며, 그 믿음은 확실해질수록 더욱더 강해진다. 우리가 무엇을 하고 싶은지에 대해 오랫동안 숙고하고 있다는 사실은 욕망이 정말로 약하다는 것을 드러내준다. 욕망이 충분히 강하지 않아서 우리가 어떤 방향으로 가야 하는지를 분명하게 알려주지 못하는 것이다.

한 아이가 집에 틀어박혀 지루해하면서 도대체 무얼 할지 모르겠다는 말을 지겹도록 되풀이한다고 해보자. 할 만한 일을 찾으려는 데 무슨 어려움이 있어 곤란함을 겪는 것은 아니다. 이는 욕망이 녹초가 되었다는 데에서, 그러니까 권태에 사로잡혔다는 데에서 비롯된다. 아이는 뭘 해야 할지 모르고 계속해서 뭘 해야 할지 스스로 물어보는데……, 이는 그냥 아무것도 하고 싶지 않기 때문이다. 덜 활동할수록 덜 욕망하게 된다. 불행히도 아이의 욕망하는 능력은 무기력이 아이를 사로잡을수록 더 쇠퇴해간다. 욕망이 없으니 더 이상 무엇을 할지 모르고, 오로지 권태만이 커져간다.

이와 비슷하게 욕망이 약해서 어떻게 해도 괜찮다는 상태가 될 때 우리는 쉽게 양보를 하게 된다. 확신이 강하지 않은 사람은 언제나 아주 유연하다. 그는 자신의 입장을 정말로 옹호하려고 애쓰지 않고 쉽게 양보하며, 잘못을 인정하지 않으려다가 모순에 부딪히는 일을 겪지도 않는다. 이론의 영역에서는 근거를 수용하는 능력은 대단한 장점이며 지적으로 정직하다는 표시이다. 그러나 실천의 장에서는 이런 성향은 불확실한 욕망의 징후이며 자신이 무엇을 원하는지 분명하게 느끼지 못하는 무능력의 징후다. 아무것에도 집착하지 않을 때에는 모든 일에서 쉽사리 양보하기 마련이다.

그러니까 욕망이 있음을 쉽게 알아볼 수 있게 하는 표시는 직접성이다. 욕망은 자신을 알려오며, 욕망은 숙고될 필요 없이 분명하다.

> "의사는 병을 치료해야 할지에 대해서 숙고하는 것이 아니며, 연설가는 설득을 해야 할지에 대해 숙고하는 것도 아니다. 정치가 역시 좋은 법질서를 세워야 할지에 대해 숙고하지 않고, 여타의 사람 중 누구도 목적에 관해서는 숙고하지 않는다. 오히려 사람들은 목적을 설정한 다음 그 목적이 어떻게, 그리고 어떤 것들을 통해서 이루어질지를 고찰한다."(『윤리학』, III, 1112 b 13~16)

만일 그렇지 않다면 우리는 모든 것에 대해서 끊임없이 검토해야 할 것이고, 결코 합의점을 찾을 수 없을 것이다. 아리스토텔레스가 말하듯, 이런 사정은 증명의 경우와도 같다. 우리는 "무한히 거슬러 올라갈 수는" 없는 노릇이다. 어쩔 수 없이 전제가 되는 어떤 출발점에서 시작할 수밖에 없고, 나머지는 거기로부터 증명하면 된다. 수학에서 공준과 공리가 하는 역할이 바로 이런 추론의 기초가 되는 것이다. 도출된 결론의 타당성은 그것들에 의존한다. 만일 전제의 참이 의심스러우면 거기에서

도출된 결론도 마찬가지로 의심스러울 것이다. 주저 없이 동의할 수 있는 여러 증거로부터 논리적으로 도출된 결론은 확실히 믿을 만하다. 아리스토텔레스를 논리학의 아버지라고 한다. 그는 우리의 추론이 어떻게 삼단논법의 형식으로 정리될 수 있는지를 보여주었다. 그러니까 어떤 전제를 놓으면 거기에서 어떤 결론이 필연적으로 따라 나온다는 것이다. 그런데 실천의 영역에서 전제로 쓰이는 것이 다름 아닌 욕망이다.

> "행위에서는 그것을 위해서 행위를 하는 목적이 출발점이 되기 때문이다. 마치 수학에서 가정이 출발점인 것처럼 말이다."
> (『윤리학』, VII, 1151 a 16~17)

서로 다른 공리가 수많은 다툼의 원인이 되어

우리가 만일 실천적인 추론의 전제에 자신의 욕망이 들어 있다는 것을 인정하려고 노력한다면 다른 사람들과 겪는 불화가 많이 사라질 것이다. 우리는 왜 그토록 자주 아무것도 아닌 일로 논쟁을 하고, 납득시키기 위해 무슨 말을 해도 절대로 동의하지 않을 사람들과 귀를 막고 하는 대화에 말려들었다는 느낌이 드는 걸까? 그 사람들이 기만적인 것일까, 근거를 인정하려 하지 않는 것일까? 대부분의 경우에 이런 불화는 무엇이 바랄 만한 것인지에 관해 우리가 같은 전제에서 출발하지 않는다는 사실에서 비롯된다. 우리는 자신에게 완전무결해 보이는 여러 증명을 연결해가면서 지치지 않고 논의를 한다. 그러나 우리가 다른 이들과 같은 출발점을 이용하지 않으니 우리의 결론은 언제나 그들의 눈에 틀린 것으로 보이게 된다.

식구끼리는 절대로 정치를 논하지 말라는 세속적 지혜의 충고가 있는 것도 바로 이런 이유 때문이다. 임신중절의 권리, 동성 간 결혼의 합법화, 이민자의 신분 규정이나 조세 제도에 관련된 골치 아픈 각종 논쟁은 과도하게 전문적인 방향으로 나아갈 수도 있다. 이렇게 되다 보면 그런 문제들이 지식이나 전문성의 가르침을 받아야 하는 이론적 결정의 소관이라는 잘못된 생각을 할 수도 있다. 말하고 있는 내용에 대해 분명하게 알지 못해서 그런 것이라면 한쪽이 옳고 다른 쪽이 틀릴 수 있을 것이다. 그러므로 무지는 알면 없어지는 것이니 말을 해서 설득을 시키려 하는 것은 당연한 일이겠다. 그러나 사실 문제의 핵심은 다른 데에 있다. 불화는 어떤 능력의 차이에서 생겨나는 것이 아니다. 그것은 무엇을 욕망하는가 하는 것에 대한 근본적인 불일치에서 생겨나는 것이다. 아주 거칠게 정리해보면 어떤 이들은 질서를 정의보다 선호하고, 어떤 이들은 그들의 반대자들이 자유를 추구하는 곳에서 평등을 바라며, 또 어떤 이들은 자신을 자기 뜻대로 처분할 수 있는 자유를 무엇보다 더 중시하는 사람들에 맞서 생명의 성스러운 가치를 옹호한다는 식으로 말할 수 있겠다.

이런 대립은 아무리 긴 논증이라고 해도 논증으로 딱 잘라 해결될 수 없다. 그것들은 전혀 지식의 소관이 아니기 때문이다. 그것은 성향의 문제이고, 앎은 그 문제에서는 발언권이 없다.

앎, 욕망의 도구

앎은 목적을 실현하기 위해서 쓸 수 있는 가장 좋은 수단이 무엇인지를 우리에게 밝혀줄 수 있을 뿐이다. 실천적인 관점에서 보면 앎은 우리 행동이 효과를 발휘하도록 해주는 도구인 것이다. 그런데 이렇게 앎을 권장할 만한 것으로 만들어주는 이 효능은 우리가 가진 어리석음의 협력자가 될 수도 있다. 비뚤어진 욕망으로 행동하는 사람은 자신의 계획을 유능하게 수행하는 만큼 더욱더 자기 자신과 다른 사람들에게 해가 될 것이다. 참 역설적이게도 우리는 아주 똑똑한 사람들이 누구보다도 분별력이 없어서 자신의 모든 지적인 능력을 어처구니없는 욕망을 위해 쏟아붓는 그런 경우를 많이 본다. 그들의 이론적인 재능은 성공의 비결이 되기는커녕 일탈의 지속적인 자양분이 되는 것이다. 그들은 똑똑한데도 정말이지 생각을 잘못하고 있는 것이다! 그들은 지적인 능력이 대단하기에 다른 사람보다 훨씬 멀리까지 실천적인 추론을 이어가지만, 욕망이 잘못된 것이기에 행위의 결과는 터무니없는 것이 되어버린다. 자신의 원칙 자체가 타락했다는 것을 보지 못하니 그들의 눈에는 결과가 그래도 여전히 논리적으로 보인다. 아리스토텔레스는 바로 이런 이상한 상황이 칭찬할 만한 영리함과 교활함 사이의 차이를 만들어낸다고 본다.

"사람들이 영리함이라고 부르는 능력이 있다. 이것은 앞에 놓인 목표에 연결되는 것들을 행위할 수 있는 능력, 그 목표에 도달할 수 있게 하는 종류의 능력이다. 그래서 만약 그 목표가 고귀한 것이라면 영리함은 칭찬받을 만한 것이고, 목표가 나쁜 것이라면 그때의 영리함은 교활함일 뿐이다."(『윤리학』, VI, 1144 a 24~27)

그렇기에 앎에는 그것만으로도 우리가 처해 있는 궁지에서 벗어나게 할 수 있는 힘이 있다고 생각하면서 앎을 어떤 이상처럼 여기는 것은 아주 잘못된 일일 것이다. 살아가는 일이 종종 왜 그토록 안쓰러워 보이는 것인지를 이해하고 싶다면 관심을 기울여야 할 곳은 오히려 우리 욕망이다.

짚고 넘어가기

1 당신은 자신의 주장 뒤에 자기도 몰랐던 어떤 욕망이 있다는 것을 느껴본 적이 있는가? 당신이 평소보다 더 과민하게 반응하는 대화 주제는 어떤 것이 있는가? 저지된 욕망은 아무런 방해를 받지 않은 욕망보다 훨씬 더 발견하기 쉽다. 당신의 분노가 있는 곳에 당신의 욕망도 있으니…….

2 당신은 다음 물음에 대체로 어떻게 대답하는가? "오늘 저녁에 너 뭐하고 싶어?" 만일 당신이 으레 "네가 하고 싶은 거 하지 뭐"라고 답한다면, 아마도 예의상 그러는 게 아니라 하고 싶은 일이 없어서 그렇게 말할 것이다. 만성적으로 이런 태도를 보인다면 이제 스스로 이렇게 물어볼 때가 되었다. 왜 넌 그렇게 욕망이 조금밖에 없지? 많은 사람은 "내가 원하는 것은" 하고 말하는 것을 어떤 진정한 위업과 관련된 문제로 여긴다. 그 때문에 우리가 오래도록 기가 꺾여왔던 것이다. 이를테면 강요하는 부모, 지시

를 내리는 선생, 명령하는 고용주들, 이들에게 고분고분 하게 굴다 보니 우리는 타협을 하고 욕망을 아주 조금 갖게 된 것이다.

3 어느 영역에서든(스포츠, 요리, 성생활 등등) 무기력하게 아무것도 하지 않는 상태가 욕망을 몹시 무르게 만든다는 사실을 알게 된 적이 있는가? 적게 할수록 적게 하고 싶어진다. 반면에 당신이 행동하기 시작하자마자 욕망은 긴 동면에서 벗어나고 싶어서 마구 밀어붙인다.

4 혹시 당신은 아무리 정신을 똑바로 차리고 주의를 기울여도 새로운 상황이 나타나면 (이를테면 친구 문제, 연애 문제, 직업 문제에서) 언제나 똑같은 실패에 부딪히는가? 정기적으로 실패한다고 해도 자신을 불운의 희생자라고 생각하지는 마라. 당신이 행동하는 방식에 문제가 있기 때문에 그런 것이 아닐 수도 있고, 운이 없어서 그런 것도 아

닐 것이다. 그보다 당신을 언제나 그런 궁지에 몰아넣는 것은 어떤 것이나 어떤 사람을 향한 당신의 욕망일지도 모른다.

행복이라는 비극적인 야망

욕망에 대해서 이야기를 꺼내면 우리는 종종 무질서하게 서로 붙어 있는 어수선한 열망의 덩어리를 상상한다. 그러나 사실 욕망의 세계는 우리가 생각하는 것보다 훨씬 더 체계적으로 정리되어 있다.

욕망의 뒤편에

우리가 욕망하는, 아니 차라리 우리가 욕망한다고 믿는 수많은 것은 사실은 그것들 자체 때문에 욕망의 대상이 되는 것이 아니다. 꼭 의식하고 있는 것은 아니지만 우리는 그것들을 어떤 목적을 위해서, 대개는 자신도 깨닫지 못하는 어떤 목적을 위해서 욕망하고 있다. 정신분석은 이런 놀라운 사례를 넘칠 정도로 많이 보여준다. 환자는 정신분석 과정에서 자신이 몹시 욕망한다고 믿었던 것이 실제로는 또 다른 욕망을 숨기고 있었던 것이라는 사실을 발견한다.

물론 아리스토텔레스는 프로이트가 아니다. 그는 욕망이 무의식의 밤 속으로 내던져져 "억압되었다"고, 복잡하게 엉킨 욕망의 타래가 우리 자신이 풀 수 없을 정도로 마구 뒤얽혀 있다고 말하지 않는다. 때로는 사슬이 너무 길어서 우리는 애초에 우리를 움직이게 했던 이유를 쉽게 잊어버려 못 보기도 한다. 그렇게 하여 어디로 가는지도 더 이상 알지 못한 채로 여세를 몰아 계속 나아가다 결국 수단이 때로 목적이 되어버리기도 하는 것이다. 예를 들어 어떤 사람들은 돈을 버는 일에 몰두해 많은 시간을 보내다가 결국 왜 자신이 그렇게 그 일에 집착하고 있는지를 잊고 만다.

목표가 사라질 때

이렇게 해서 어떤 행동을 취하려는 욕망이 그 행동을 욕망하게 했던 목적이 사라지고 나서도 오래도록 존속되는 것이다. 은퇴한 뒤에도 아침 일찍 일어나려 하고 마치 일이라도 하러 가야 하는 듯이 행동을 한다. 수단을 쫓아가다 보면 이제는 이룰 수 없는 소중한 목표의 존재를 음각으로 간직할 수 있게 되기라도 하는 듯이 모든 일을 한다.

반대로 때로는 이렇게 목표가 사라지면 행동이 별 볼일 없는 수단으로 떨어져 단번에 어리석고도 우스꽝스럽게 되고 말아 아무런 쓸모가 없다는 사실이 훤히 드러나기도 한다. 연인과 헤어져 상심한 남자가 자신에게 묻는다. "그녀가 떠났는데 이런 노력이 무슨 소용인가? 일어나고 먹고 옷을 입는 일이, 직업적인 성공을 거두는 것이 무슨 소용인가? 나는 그녀만을 위해서 살고 있었는데……." 목표는 이렇게 갑자기 사라질 때 가장 밝게 빛나는 모습으로 나타난다. 행동의 이유를 빼앗겼을 때, 갑자기 의미를 잃고서 고아가 되어버린 행동밖에는 남지 않았을 때 우리는 행동의 존재 이유를 더욱 잘 헤아리게 되는 것이다.

복합적으로 조직된 목적과 수단

욕망은 그러므로 목적과 수단이 복합적으로 조직된 양상에 따라 매우 복잡하게 얽혀 있다. 아리스토텔레스에 따르면 이런 배치는 정치적인 위계에서, 다양한 직업군의 조직 속에서 가장 뚜렷하게 발견된다.

어떤 실천을 다른 실천 아래에 종속시키는 것은 오로지 기술적이기만 한 선택은 아니다. 우리가 한 기업의 조직에서 발견하는 것과 마찬가지로 한 사회 내부의 직업군의 조직도 분명 효율성의 요구를 반영한다. 그러나 효율성은 언제나 먼저 정해져 있는 목적의 함수이며, 그 목적은 굳이 명시적으로 제시되는 일이 드물다.

예를 들어 스파르타의 정치 체제는 전체적으로 군사적인 목적에 종속되어 있었다. 아이들의 교육, 가정생활의 조직, 사회적 예속 관계 등 모든 것이 도시가 전쟁에서 우위를 확보하려는 목적을 위해 고안되어 있었다. 오늘날의 시민이라면 스파르타가 경제적 번영과 문화적 풍요를 무시했다며 이런 조직이 극도로 비효율적이라고 여길 것이다. 그러나 전사를 탁월한 지위에 두는 선택은 이를 정당한 것으로 만든다.

> "의술의 목적은 건강, 조선술의 목적은 배, 병법의 목적은 승리, 가정경제학의 목적은 부이니까. 그러나 이런 것 중에서 모두 하나의 능력 아래에 있는 것들은, 가령 말굴레 제작술과 마구의 제작에 관계되는 다른 모든 기술은 마술馬術 아래에 놓이며, 마술 자체와 전쟁에서 수행되는 모든 행위는 병법 아래에 놓이게 되고, 같은 방식으로 다른 기예들도 또 다른 것들 아래에 놓이게 된다. 그래서 이 모든 경우에서 총괄적인 것들의 목적이 그것 아래에 놓이는 다른 모든 목적보다 더 선택할 만한 것이

다. 전자를 위해서 후자가 추구되는 것이니까."(『윤리학』, I, 1094 a 8~15)

오늘날에는 자유 기업가가 중장보병*의 자리를 대신한다. 다양한 직업군의 조직은 군사적인 승리보다는 국가의 경제적인 번영이라는 목적에 맞도록 조정되었다. 시대가 다르면 풍속도 다른 법……. 다양한 직업군의 배치, 암묵적인 위계 속에서 지정된 자리는 결코 그냥 저절로 주어진 결정이 아니다. 이는 언제나 사회의 선택을 반영하며, 우리가 함께 추구하기를 바라는 여러 목표에 관한 공통의 결의와 맞물려 있는 것이다.

여러 목적의 위계

욕망의 체계는 그러나 이런 조직화의 수준 하나에서 그치는 것이 아니다. 우리는 서로 다른 욕구를 목적과 수단의 연쇄로 위계를 정하는 것에 만족하지 않는다. 우리는 자신이 추구하는 여러 가지 목적 사이에서도 우선순위를 정한다.

그래서 직업상의 성공을 거두는 것보다 가족이 화목하게 살아가는 것을 더 선호할 만한 것으로 여길 수도 있다. 다른 어떤

* 고대 그리스의 보병.

형식의 복종보다도 신에게 복종하는 것을 더 앞쪽에 둘 수도 있다. 환경 보존을 강하게 바라면서 이를 위해 자유분방한 소비의 안락함을 희생하려는 태도를 보일 수도 있다. 다른 이들이 거침없이 자유를 즐기기를 선호할 때 혜택을 받지 못하는 사람들을 위해 자신의 삶을 바칠 수도 있다. 이런 우선순위가 의미하는 바가 무엇일까? 첫 번째 사례는 우리가 가정생활을 망치지 않는 한에서 직업상의 성공을 받아들일 만하고 욕망할 만한 것으로 여기고 있다는 사실을 의미한다. 두 번째 사례에서는 신에게 복종하는 것을 방해하지 않는 한에서만 시민법에 복종하는 것이 정당하다고 여긴다는 사실을 알 수 있다. 달리 말해 우리는 직업상의 성공이나 시민의 복종을 그것들 자체로 평가해서만은 안 되고, 더 높은 목표를 추구하는 것을 방해하지 않는 조건으로서도 평가해야 한다는 것을 인정하고 있는 셈이다. 그러니까 그것들은 목적으로 평가되면서, 그와 동시에 다른 목적의 수단으로서도 평가되는 것이다.

"그런데 우리는 그 자체로 추구되는 것이 다른 것 때문에 추구되는 것보다 더 목적이 된다고 말하며, 결코 다른 것 때문에 선택되지는 않는 것이 그 자체로도 선택되면서 다른 것 때문에도 선택되는 것보다 더 목적이 된다고 말한다. 따라서 언제나 그 자체로 선택될 뿐 결코 다른 것 때문에 선택되는 일이 없는 것을 단적으로 목적이 되는 것이라고 말한다."(『윤리학』, I, 1097 a 32~35)

그러므로 자신의 여러 가지 목적에 위계를 부여하려면 우리는 수단으로서도 가치 있는 목적으로부터, 결국에는 그것을 위해 다른 목적을 희생시킬 수 있는 '궁극 목적'이기에 조건의 서열에서 결코 아래에 놓일 수 없는 목적을 자연히 구별하게 된다. 이렇게 해서 우리는 각자 자신의 우선순위를 정하는 나름의 방식을, 모든 것에 앞서야만 하는 것을 선택하는 나름의 방식을 갖는다.

무엇보다 앞서는 행복

이렇게 우선순위를 부여하는 일, 이는 결국 무엇이 우리를 행복하게 만드는지를 규정하는 일이 아니라면 무엇이겠는가? 실제로 행복은 그 정의에 따라 오직 그것 하나만으로도 삶이 충분히 만족스러워지는 그런 상태다.

"우리는 자족성을 그 자체만으로도 삶을 선택할 만한 것으로 만들고 아무것도 부족하지 않도록 만드는 것으로 규정한다. 그

런데 우리는 행복이 바로 그렇게 자족적인 것이라고 생각한다."(『윤리학』, I, 1097 b 14~15)

자신이 다른 것보다 중요하게 여기는 것을 규정해야 할 때 우리는 이런 물음을 스스로 제기하지 않을 수 없다. "가능한 한 가장 행복하려면 나는 무엇을 선택해야 하는가? 나의 행복은 어디에 있을까?" 직업상의 성공을 얻기 위해서 아이를 가지려는 욕망을 포기할지 말지 망설이는 여자도, 돈을 더 벌기 위해서 더 많은 시간 동안 일을 해야 할지 자문하는 노동자도, 타인을 위한 삶에서 이해관계를 넘어선 행복을 발견하고 다른 이들을 위해 자신을 온전히 바치는 결행을 하고자 하는 박애주의자도 그렇게 묻는다. 모든 것을 다 버리고 전부 다 다시 시작해야 할지 망설일 때에도 언제나 우리는 그런 물음을 자신에게 던진다. 삶의 중대한 변화, 완전히 다시 해보려는 시도, 언제나 위기의 순간이 되는 이런 일에는 우선순위의 근본적인 재편이 상응한다.

예를 들어 연인 관계에서 애정의 갑작스러운 변화는 종종 확신의 변화를 정확히 반영한다. 애정이 식는다는 것은 지금까지는 관계의 토양이 되어왔던 '좋은 삶'의 이상 속에서 자신의 모습을 볼 수 없다는 것을 의미한다. 사정이 이렇기에 이별이 커다란 아픔을 가져온다는 데에는 놀랄 일이 전혀 없는 것이다.

똑같은 삶의 이상을 공유하기 때문에 서로를 완벽히 이해하고 원하던 두 사람은 세월이 그들 사이에 만들어놓은 커다란 친밀감에도 갑자기 서로에게서 낯선 모습을 발견한다. 그들이 우선시하는 것이 더 이상 같지 않기 때문에 그들은 더 이상 같은 언어를 말하지 않는다. 그리하여 두 사람은 자신이 이해할 수도 없고 정당화될 수도 없는 행동을 상대방이 저지를 수 있다는 것을 확인하고는 아연실색한다. 두 사람은 모두 그들의 공통 좌표계를 잃어버렸다는 사실을 아직도 모르는 것이다. 행복에 대한 그들의 상은 일치하지 않고, 이제 그들은 더 이상 함께 행복할 수 없는데 말이다.

우리의 삶 전체가, 우리가 지닌 욕망의 모든 체계가 행복하려는 열망에 달려 있다. 물론 우리는 자신의 결정 하나하나가 행복에 기여할 것이라는 기대를 하지는 않는다. 그런 생각은 헛된 것이리라. 저녁 산책이나 친구들과 함께하는 식사는 행복에 결정적인 기여를 하기에 꼭 들어맞는 그런 일은 아니다. 그것들은 그 자체로 충분히 만족스러운 좋은 순간이기는 하다. 그러나 행복이 우리의 유일한 목표는 아니라 해도, 그것은 우리의 '궁극 목적'이다. 그래서 어떤 결정이 행복에 이르는 일을 가로막는다는 사실이 분명해지자마자 그 결정은 그 자체로 문제가 되어버리는 것이다.

더 일관된 삶

우리 삶이 그렇게 정합적이고 일관성 있다고 생각하는 데에 상당히 의구심이 들 수도 있겠다. 우리는 일상생활 속에서 그런 방식으로 살아간다는 느낌이 거의 들지 않는다. 그보다는 그다지 많은 질문을 던지지도 않고, 어떻게도 다가갈 수 없는 듯한 행복을 딱히 찾아다니지도 않고서 적당히 되는 대로 살아간다는 인상을 받는다. 이런 식의 반론에 대해서는 두 가지 대답을 할 수 있겠다.

첫째, 행복은 그저 하나의 이름일 뿐이다. 우리가 다른 모든 것보다 더 좋아하는 어떤 것의 이름, 만일 그것을 얻을 수 있다는 확신이 들면 그것을 위해 다른 모든 좋은 것을 포기할 준비가 되어 있는 어떤 것의 이름일 뿐이다. 저마다 나름의 방식으로 그것을 부를 수 있겠지만, 어떤 사람도 선호하는 것이 없을 수는 없으며 어떤 좋은 것을 다른 좋은 것들 위에 두지 않을 수 없다. 누군가가 자기는 행복을 찾지 않는다고 주장하더라도 그것은 행복을 규정하는 역설적인 한 방식일 뿐이다. 그가 행복을 추구하기를 원하지 않는다고 해도, 어떤 삶의 규범에 얽매이기를 원치 않도록 이끄는 드러나지 않은 어떤 선호의 이름으로 그러는 것이다. 요컨대 원칙적인 의도야 어떻건 그는 행복의 또 다른 이상(어떤 목표도 갖지 않는다는 역설적인 목표)을 위해서 행복의 특정한 이상(추구하는 목표)을 피하고 있는 것이다. 거추장스럽게 굳이 어떤 이상을 갖지 않겠다는 야망도 어떤 형태의 이상이다. 아리스토텔레스는 가차 없이 이렇게 평가한다.

"삶이 하나의 목적을 향해 정돈되어 있지 않다는 것이야말로 큰 어리석음의 표징이니까."(『에우데모스 윤리학』*, I, 1014 b 10)

둘째, 우리가 '좋은 삶'에 대한 자신의 이상이 무엇인지 자문하면서 시간을 보내는 일이 드물다는 것은 사실이다. 대부분의 시간 동안 이 물음에 대한 대답을 느끼지도 않은 채로 지나간다. 대답이 자명하니 말이다. 그러나 그렇다고 해서 대답이 존재하지 않는다는 것은 아니다! 이 점에 대해서는 우리가 내리는 선택과 결정이 우리가 하는 말보다 더 많은 것을 알려준다. 전체적으로 보면 우리의 선택과 결정에는 어떤 일관성이 있고, 우리는 그것을 그리 의심하지 않는다. 그러나 우리의 전기를 쓰는 작가가 있다면 그것에 아주 민감해질 것이다. 드문 경우이긴 하지만 커다란 딜레마에 빠진 상황에서 우리는 그 결과의 무게가 가볍지 않은 선택을 내려야 한다. "지금, 벌이가 좋은 이 일

* 『에우데모스 윤리학』, 송유레 옮김, 한길사, 2012.

자리를 그만두고 소로처럼 숲에서 살러 떠날까?" "사랑을 포기하고 자유롭게 살아갈까?"와 같은 상황에서 말이다. 매번 결정을 내리는 것은 우리의 선호도를 밝혀주고 우리 자신에게도 그 선호도를 드러내 보여주는 일이 된다. 우리의 선호도는 우리가 일상에서 하는 행동 속에 은연중에 담겨 있지만 이런 위기의 순간에서야 자신을 드러낸다.

행복 추구가 모든 것을 포기하기를 요구할 때

모든 인간은 행복을 추구한다. 아아! 행복이 우리의 선호도를 정당화해주는 것이라면 무엇인들 바치지 못하리! 우리는 행복이라는 어떤 이상의 이름으로 우리가 해야 하는 것보다 훨씬 더 많은 것을 희생시키다가 결국 자신의 불행을 재촉할 수도 있다. 맞건 틀리건, 욕망할 만한 것으로 보이는 많은 것이 진정한 행복의 추구에 족쇄가 된다고 생각하자마자 이런 일이 벌어진다. 이렇게 우리는 모든 것을 희생할 수도 있다. 건강, 명성, 풍요로운 생활의 안락함……. 우리가 이런 포기 속에서 계속 행복하다는 느낌을 갖는 한에서는 본질적인 것은 무사하다. 사막의 고행자가 모든 것을 신의 이름으로 포기했다면 그는 아무것도 포기하지 않은 것이다. 행복은 그것 하나만으로도 우리에게 충분하며 우리 삶을 완전히 정당화한다. "이렇게 해서 행복하다면, 더

없이 좋은 일이지!"

그런데 장 아누이의 연극에 나오는 안티고네를 고통스럽게 만든 것도 정확히 그것이다. 삼촌 크레온과 격론을 벌이면서 젊은 여주인공은 아주 엄격한 행복의 상을, 거의 절대적인 형태의 행복의 상을 옹호한다. 이런 이상에 매여 안티고네는 테베의 왕이 그녀에게 제시하는 더 일상적인 행복을, 그녀가 경멸해 마지않는 소박한 욕망으로 짠 싸구려 행복을 도무지 받아들이지 못한다.

> "당신들 모두 행복을 들먹이며 혐오감을 주는군요! 무슨 일이 있어도 사랑해야 하는 인생을 들먹이면서 말이죠! 마치 찾아내는 모든 것을 핥아 먹는 개들 같아요. 지나치게 까다로운 게 아니라면 매일매일 찾아오는 작은 행운을 들먹이면서요. 나는 모든 것을 당장 원해요. 그리고 그것이 전체이기를 원해요. 그렇지 않다면 거절합니다. 나는 겸손하고 싶지 않고, 온순했다면 얻을 수 있는 작은 조각으로 만족하고 싶지 않아요. 나는 오늘 모든 것에 대해 확신하고 싶고, 그것이 내가 어렸을 때만큼 아름답기를 원해요. 아니면 죽기를 바랍니다."*

* 장 아누이, 『장 아누이의 안티고네』, 안보옥 옮김, 지식을만드는지식, 2011, 81쪽.

그러나 '최고로 좋은 것'을 이상적으로 좋은 것으로 변형시키는 일은 건강한 욕망을 포기하는 일이 되기 쉽다. 이렇게 지나친 엄격함 때문에 우리는 완벽한 모델만을 따라 맹렬하게 달려가면서 다른 것들은 그것의 창백한 모방일 뿐이라고 여기고 추구하는 것을 포기하다가 진정 좋은 것들을 잃게 되는 것이다. 행복을 위한 모든 것이 우리에게 있는데 말이다. 아아! 더 완벽하고 더 크고 더 위대한 다른 것을 향해 가야 한다고 믿은 나머지, 지나친 열의 때문에 우리는 기회를 놓쳐버리고 불행을 위해 노력을 하고 만 것이다.

얼마나 많은 이가 진정한 사랑을 기다리고 있다는 핑계를 대며 사랑을 하지 않으려고 했던가? 노래하는 내일의 약속을 만족시키려고 얼마나 많은 행복한 시간을 단념했던가? 저 대단한 것들을 좇으려는 갈망은 우리를 세상에 대한 혐오 속에 빠뜨리고, 그렇게 하여 좋은 것들 하나하나가 주변의 평범함과 시시함 속에 둘러싸인다.

인정 욕구의 미끄러운 비탈길에서

그러나 그 반대 또한 진실이다. 때로 행복의 추구는 만일 우리가 강박 때문에 눈이 멀지 않았더라면 결코 탐내지 않았을 것들을 욕망하게 만든다. 어떤 사이클 선수는 확실한 승리를 위해서 스테로이드를 사용하자는 제안에 동의한다. 자신의 전 생애의 성과가 그 승리에 달려 있다고 생각하기 때문이다. 어떤 혁명가는 자신의 정적을 가차 없이 제거한다. 그들은 완벽한 사회를 만드는 일을 방해하는 장애물에 지나지 않는다고 여기기 때문이다. 날씬해지려고 하다가 병에 걸리는 소녀도 있다. 예뻐지는 것이 좋은 것 중에 최고로 보이기 때문이다. 이런 열망 가운데 어떤 것도, 이런 욕망 가운데 어떤 것도 그 자체로 비난을 받을 만한 것은 아니다. 반대로 이는 그저 자신에게 맞는 가장 좋은 것, 다른 모든 것보다 더 중요한 '최고로 좋은 것'의 자리에 있는 것이 무엇이라고 생각하는지를 보여줄 뿐이다.

애초에 가장 진정으로 바랄 만한 좋은 것도 우리를 눈멀게 하고, 자신이 더 이상 무엇을 원해야 하는지 느끼지도 못하도록 만들 수 있다. 예를 들어 인정의 추구가, 그러니까 동료들에게 대단한 사람으로 인정받고 싶은 욕망, 자신에 대한 찬사를 듣고 싶은 마음이 그러하다. 아리스토텔레스는 이런 종류의 열망을 비난하지는 않는다. 야망은 종종 자신의 능력을 최대로 발휘하여 자신을 뛰어넘도록 한다. 포부가 큰 사람은 명예에 무관심할 수 없는 법이다.

"포부가 큰 사람들이 명예에 관계한다는 것은 논증이 불필요할 정도로 명백하다. 그들은 자신들이 무엇보다도 명예를 얻을 만한 가치가 있다고 생각하며, 실제로도 그런 가치를 가진 사람들이니까."(『윤리학』, IV, 1123 b 22~25)

그러나 품위도 미덕도 모두 희생시킬 정도로 정신없이 명성을 좇는 일에 몸과 마음을 바치거나 잡지 표지에 등장하는 허영을 만족시키기 위해 모든 것을 포기할 준비를 하는 것 등은 그야말로 도를 넘은 일이다. 느닷없이 명예가 최고로 좋은 것의 자리를 차지해버린 것이다. 배역을 따내려고 끊임없이 타협을 하는 영화배우, 『환멸』의 뤼방프레처럼 출세를 위해 타락해버린 젊은 작가, 직업적 성공의 제단에 가정생활을 제물로 바치는 노동자, 이 모든 인물은 인정의 추구가 궁극 목적의 모습을 띨 때 어떻게 되는지를 잘 보여준다.

짚고 넘어가기

1 당신은 배우자와 싸우고 난 다음날 잠에서 깨어났을 때 어떤 느낌이 드는가? 아주 불쾌한 기분으로 자리에서 일어나는가? 모든 게 엉망이라는 생각이 드는가? 아이들은 시끄럽게 떠들고, 집 안은 지저분하고, 기르는 개는 성가시게 굴고, 그래도 당신은 저녁에 일자리에서 돌아오면서 장을 보러 가야 하고……. 제대로 된 게 하나도 없어! 당신의 불만은 밤사이 결혼생활과 직접적으로나 간접적으로 관련된 일상생활의 모든 것으로 뻗어간 것이다. 중심이(여기서는 사랑의 욕망이) 흔들리면, 이와 조직적으로 연결된 모든 수단도 함께 흔들리고 아주 사소한 행동조차도 끔찍한 충격이 된다.

2 당신은 누구나 저마다 자신이 원하는 행복이 있고, 자신의 생각대로 우선시하는 것들을 자유로이 선택해야 한다고 생각하는가? 당신이 이렇게 생각한다면, 좋다! 당신은 남에게 어떤 것도 강요하지 않을 것이다. 그러나 거기

에서 삶의 어떤 선택이든 정당하다고 잘라 말하는 데까지 간다면……. 아마도 당신의 너그러운 자유주의는 그렇게 멀리까지 밀고 가지는 않을 것이다. 그렇지 않으면 왜 다른 사람을 그렇게 자연스럽게 비난하려는 마음이 들겠는가? 당신이 보기에 그들은 길을 잃고 헤매고 있고, 행복을 만들어간다고 믿으면서 스스로 파멸을 초래하고 있지는 않은가? 타인의 비참함을 보면 자신이 선택한 삶이 옳다는 확신이 들지 않는가?

3 당신이 딱히 비난할 만한 것이 없는데도, 보기만 하면 곧바로 혐오감이 드는 사람이 있는가? 당신은 그 까닭을 말할 수 있을까? 참 이상한 일이다. 그렇지 않은가? 갑자기 호감이 생기는 것만큼이나 놀라운 일이다! 그러나 이는 쉽게 설명할 수 있다. 어떤 삶의 선택은 당신의 선택과 너무나 서로 다른 모습을 보여주기 때문이다. 이는 그 차이가 대립의 양상을 띠지 않는 한 그다지 영향을 많이 미치

지 않는다. 그러니까 보기만 해도 기분이 나빠지는 사람은 그저 다른 우선순위를 지닌 사람이 아니라 우리가 선택한 우선순위와 철저하게 반대되는 우선순위를 지닌 것으로 보이는 사람이다.

즐거움에 중독되어

우리는 저마다 행복에 대한 아주 다른 상에 따라 삶을 조정한다. 그리고 평생토록 똑같은 생활 원칙을 따르지도 않는다. 병에 걸린 사람은 더 이상 건강했을 때 가졌던 것과 똑같은 행복의 상을 갖지 않을 것이다. 그러나 이런 모든 상이 서로 아무리 다르다고 해도 그 틀은 결국 비슷하다.

아이의 오래된 습관

> "쾌락은 어린 시절부터 우리 모두와 함께 자라왔다. 삶 속에 스며들어 있는 이 느낌을 떨쳐내기가 어려운 것은 그 때문이다."
> (『윤리학』, II, 1105 a 2~4)

어린아이의 정서적 삶은 쾌락의 확산에 의해서 지배된다. 쾌락은 생명을 유지하는 데 조절 기능을 하기 때문에 아이가 이런 정서에 익숙해 있는 것은 자연스러운 일이다. 실제로 쾌락의 역할은 "고통을 몰아내는 것"*이다. 달리 말해 쾌락은 신체가 긴장 상태에 이어 평형 상태를 되찾을 때마다 우리가 겪는 감각이다. 누구나 다음과 같은 사실을 인정할 수 있을 것이다. 먹는 즐거움은 배가 고플수록 더 커지고, 병에 걸리고 나서 건강을 되찾을 때 즐겁고, 오랫동안 제대로 잠을 자지 못한 사람에게 잠은 꿀처럼 달콤하다. 쾌락의 조절 기능은 왜 그것이 삶에서 우월한 지위를 차지하는지를 설명해준다. 그리고 교육은 이런 우월함을 저지하기보다는 두둔한다.

> "즐거움은 우리 인간들에게 가장 친밀하고 고유한 것이니까. 그런 까닭에 즐거움과 고통을 방향타로 삼아 젊은이들을 교육하는 것이다."(『윤리학』, X, 1172 a 20~22)

처벌과 보상은 사실상 쾌락과 고통을 제어하는 일이다. 사탕을 훔쳐 먹은 아이가 느낀 쾌락을 그 아이에게 벌을 주면서 고

* 『윤리학』, VII, 1154 a 28.

통으로 바꾼다. 역으로 방을 정리해야 하는 아이가 귀찮다고 느끼는 감정을 칭찬의 기분 좋은 느낌으로 바꾼다. 이렇게 행동함으로써 교육자는 쾌락과 고통의 체계를 수정한다. 그러나 아이의 삶에서 쾌락과 고통이 차지하는 우선권은 근본적으로 건드리지 않는다. 오히려 그 반대다. 그는 모든 상황에서 쾌락을 추구하고자 하는 이런 자연스러운 경향에는 자양분을 주고, 쾌락을 발견해야 하는 것들에는 새로이 자격을 부여하는 일을 할 뿐이다. 세부사항에서는 모든 것이 수정된다. 그러나 근본에서는 아무것도 바뀌지 않는다!

그리하여 어른이 되고 나서도 우리는 이런 정서에 자연스럽게 의존하는 상태로 남아서 계속해서 어린아이로 행동하는 셈이다.

> "그가 나이가 어리든 풋내기 같은 품성을 지녔든 아무 차이가 없다. 그 모자람은 세월로부터 오는 것이 아니라 감정에 따라 살며 무엇이든 감정에 따라 추구하는 데서 오는 것이기 때문이다."(『윤리학』, I, 1095 a 6~8)

너는 즐거움을 누리리라

이는 아리스토텔레스가 우리 모두 '자제력 없는 사람'처럼, 그러니까 강한 욕구에 지배되어 당장 눈앞의 즐거움에 저항하지 못하는 사람처럼 행동하고 있다고 말하려 한다는 이야기는 아니다. 대개 우리는 '미래를 고려하여' 일시적인 만족을 보류할 수 있다. 자제력의 정의가 그런 것이다.

그러나 바로 그렇기에 우리가 자제력을 발휘하여 미래에 얻고자 하는 것도, 당장의 즐거움을 희생하게 하는 행복이라는 것도 그 자체로는 즐거움의 모습을 하고 있다. 사실상 우리가 서로 많은 점에서 다르기는 해도 행복을 지속적인 즐거움의 어떤 상태로 여기는 데에는 모두 다 생각이 일치한다. 최고선의 자리에 무엇을 놓건 간에 우리는 거기에서 하나같이 똑같은 것을, 그러니까 그것이 우리에게 즐거움을 가져다주기를 기대하고 있는 것이다. 독실한 신앙인이 신에게 기대하는 것, 야심가가 명성에서 기대하는 것, 수전노가 부에서 기대하는 것이 바로 그것이다.

이런 기대는 아주 자연스러운 것이어서 그저 당연해 보인다. 하지만 조금만 주의를 기울여봐도 그렇지 않다는 것을 알 수 있다. 행복 대신에 즐거움을 좇는 것은 우리가 겪지 않았을 수도 있을 많은 고통의 숨은 원인이 된다. 그 자체로만 보면 즐거움은 나쁜 것이 아니다. 그러나 궁극 목적의 자리에 올라가 절대적인 것으로 승격되었을 때 즐거움은 단번에 본성이 바뀌어 강박적인 추구 대상이 된다. 이런 추구에 뛰어든 사람은 결국에는 힘이 고갈되어 많은 경우 좌절에 빠진다. 즐거움을 얻고자 하는 사람에게 비난할 만한 것은 없다. 그가 즐거움에 자신을 행복하게 만들라는 막중한 임무를 부과할 때 불행이 시작되는 것이다.

이런 상황은 우리 사회가 작동하는 방식을 아주 잘 보여준다. 즐거움의 추구는 더 이상 자연스러운 경향이 아니고 영원한 해법이 되었다. 사회는 우리에게 즐거움을 추구하는 데 적극적으로 참여하기를 요구한다. 이렇게 해서 희열은 예컨대 잡지 기사 곳곳에서 쾌락에 적극 참여하라는 위협적인 명령의 모습을 띠고 나타난다. 즐거움의 권리가 남들이 나를 이상하게 볼지도 모른다는 두려움 때문에 열심히 복종해야 하는 의무가 된 것이다.

무절제 대 자제력 없음

아리스토텔레스가 보기에 이런 식으로 즐거움을 삶의 참된 이상으로 승격시켜 거기에 과도하게 몰두하는 것이 바로 무절제가 자제력 없음과 다른 점이다.

> "그런데 그들이 동일한 대상에 관계하기는 하지만 동일한 방식으로 그러는 것은 아니며, 한편은 선택하지만 다른 편은 선

택하는 것이 아니다. 이런 까닭에 욕망하지 않으면서도 혹은 약하게 욕망하면서도 과도함을 추구하고 보통의 고통을 회피하는 사람이 강렬한 욕망 때문에 그러는 사람보다 더 무절제한 사람이라고 이야기할 수 있을 것이다."(『윤리학』, VII, 1148 a 16~20)

자제력 없음은 저항하지 못하는 강렬한 욕구 때문에 자신이 결심한 바를 지키지 못하는 무능력이다. 내가 무엇을 원하는지 결정하는 일과 그것을 실행하려고 하는 더 어려운 일이 서로 따로 노는 것이다. 천 번, 만 번 그치고자 결심하건만 천 번, 만 번 자제력 없음이 우리의 결심을 이긴다. 우리는 담배를 끊는 것이 더 좋다는 것을 알지만 그러지 못한다. 다이어트를 하고 싶지만 빵집 진열장에 놓인 슈크림을 보기만 해도 결심이 꺾이고 만다. 우리는 이렇게 자신이 결심한 행동 방침을 어기면서 허송세월을 보낸다. 이런 현상은 아주 흔해서 유감스럽기는 할망정 이제 놀랍지도 않다. 이는 우리 욕구의 강력함을 보여준다.

무절제는 쾌락이 좋은 것이기에 추구해야만 한다는 확신에서 생겨난다. 예를 들어 푸짐한 식사를 하고 난 뒤에는 먹고 싶은 욕구가 더 이상 생기지 않는다. 하지만 우리는 포식을 하고 나서도 마지막으로 권하는 달콤한 사탕과자를 기꺼이 받아먹는다. "쾌락을 위해서!" 그러니까 무절제한 사람은 자제력 없는 사람과는 반대로 쾌락의 유혹에 지는 사람이 아니다. 반대로 그는 의식적으로 쾌락을 좋은 것으로서 추구하고, 따라서 결코 쾌락을 적당한 정도로 맛보는 것에 그치지 않는 사람이다.

> "즐거운 것들을 지나치게 추구하는 사람, 혹은 즐거운 것들을 지나치게 추구하되 선택을 통해 추구하는 사람, 그것도 즐거움으로부터 나오는 것 때문이 아니라 즐거움 자체 때문에 추구하는 사람, 바로 이런 사람이 무절제한 사람이다."(『윤리학』, VII, 1150 a 19~21)

점점 더 거친 쾌락을 향하여

우리의 수많은 행동을 설명해주는 무절제의 첫 번째 문제점은 우리가 지나친 행동을 할 수밖에 없도록 만든다는 것이다.

> "'이러저러한 것들을 사랑하는 사람'이라고 이야기되는 것은 기뻐하지 말아야 할 것에서 기쁨을 느끼기 때문에, 혹은 보통 사람들이 기뻐하는 것보다 더 기뻐하기 때문에, 혹은 마땅히 그래야 하는 방식과는 다른 방식으로 기뻐해서 그런 것인데, 무절제한 사람들이 이 모든 것에서 지나치기 때문이다. 즉

그들은 기뻐하지 말아야 할 어떤 것에서—혐오스러운 것이므로—기쁨을 느끼며, 마땅히 기뻐해야 할 것들에서 기쁨을 느끼는 경우라도 마땅히 기뻐하는 한도를 넘어서 기뻐하거나 보통 사람들이 기뻐하는 것 이상으로 기뻐한다."(『윤리학』, III, 1118 b 23~28)

이런 불가피한 과도함은 쾌락의 극도로 불안정한 성격에서 비롯된다. "아무도 연속적으로 즐거워할 수는 없다."* 실제로 시간이 갈수록 어떤 대상에서 느끼는 즐거움은 점점 줄어들어 우리는 다른 곳으로 이 귀한 감각을 찾아갈 수밖에 없다. 새로운 소명에서 느낄 수 있는 처음의 흥분과 열광이 지나가고 나면, 개종한 사람은 언제나 침체기의 고통스러운 시련을 겪어야만 한다. 욕망의 침체라는 이 현상은 아주 일반적이다. 젊을 때의 열정을 잃고서 단번에 더 이상 믿지 못하게 되는 신앙생활의 이런 주기적인 순간을 어떻게 설명할까? 신이 믿음을 시험하기 위해서 일부러 보내준 결핍의 시간인 것일까? 경악과 전율로 종교적 흥분을 불어넣어 신앙을 성장시키는 것이 위험하기는 해도 간단하지 않은가? 미국에서 번창한 많은 복음교회는 종교

* 『윤리학』, X, 1175 a 3.

적으로 열광할 수 있는 능력을 가능한 한 가장 오래 지속시키고자 화려한 행사 경쟁으로 신자들의 신앙을 유지한다. 그 효과는 시간이 갈수록 어쩔 수 없이 약해지기 마련이니 점점 더 강렬한 자극을 제시하는 일에서 신앙심을 유지할 수단을 찾을 수밖에 없다. 그리하여 자극의 강렬함이 감수성의 쇠퇴를 보상하고 있는 것이다.

결국 이런 전략은 새로움이 주는 매력을 이미 오래전에 잃어버린 연인이 성적인 즐거움을 연장하기 위해서 취하는 태도와 거의 다르지 않다. 그는 즐거움을 증가시키기는 고사하고 그저 현상 유지를 목표로 해도 앞으로 달려야 하는 처지에 빠져 있다. 같은 방향에서 쾌락의 수준을 유지하기 위해서는 강한 흥분을 일으킬 수 있도록 점점 더 거칠게 행동하는 대가를 치를 수밖에 없다. 그러니까 우리는 쾌락을 좇으면서 점점 더 둔해질 수밖에 없는 쾌락을 중시하도록 하는 비탈 위에서 미끄러져 가고 있는 것이다. 텔레비전 프로그램이 모든 것에 무감각해진 대중을 텔레비전 앞에 붙들어두기 위해서 사생활을 공공연히 들여다본다든가 더 많은 폭력적인 장면과 화려한 이미지에 체계적으로 호소하는 것만 봐도 이런 전략이 가진 역효과를 이해하기에 충분하다.

쾌락에서 쾌락으로

즐거움이 고갈될 때 우리가 적잖이 호소하는 또 다른 전략이 있다. 우리가 갈망하는 대상이 우리에게 발휘하는 매력이 그 대상을 가치 있게 만드는 것이기에 그 매력이 사라지자마자 그것에 충실하고 싶은 마음이 없어진다. 그 자체가 목적이 되어버린 즐거움은 어떤 지지대에도 매여 있지 않아서 우리가 투자할 때 극도의 유동성을 발휘할 수 있도록 해준다. 이런 불안정한 충실함이 무절제의 두 번째 문제점이다.

이런 경향은 애정 관계에서 아주 강하게 작동하여 우리가 제대로 사랑을 할 수 없게 될 정도다. 즐거움에 탐닉하는 시간은 애정의 자양분이 되기는커녕 애정의 방해물이 된다. 우리는 우리에게 즐거움을 주는 이를 사랑하고 즐거움은 그것이 새로운 만큼 더욱더 커진다. 이런 종류의 사랑이나 우정도 언제나 불안정의 위협을 받고 있는 것이다.

> "관능(에로스)적인 사랑은 대부분 감정에 따른 것이며 즐거움을 이유로 성립하는 것이니까. 그래서 그들은 순식간에 사랑에 빠졌다가 순식간에 헤어진다. 하루에도 몇 번이나 변하면서."
> (『윤리학』, VIII, 1156 b 2~4)

더욱 나쁜 것은 충동적인 쾌락에 사로잡힌 이런 애정은 교묘하게 유지되는 환상을 먹고산다는 사실이다. 사실 참된 사랑을 하려면 누군가를 사랑하는 법을 배울 시간이 필요하다. 속담에 나와 있듯이 "소금을 같이 먹어보기 전에는 서로를 알 수 없기 때문이다."* 가장 굳건한 우정은 그러니까 오랜 만남을 먹고 자라나는 것이다. 우리가 사실에 따라서 다른 사람을 평가하면 갑작스럽게 실망을 한다거나 갑자기 싫증을 느낀다거나 하는 일이 줄어들 것이다. 그래도 매일 아침 같은 얼굴을 다시 보는 일에 익숙해지고 그게 습관이 되면 즐거움이 고갈된다. 즐거움은 모자람을 먹고사는 법이다. 그래서 더 이상 모자람이 없는 사람을 오래 사랑하기가 힘든 것이다.

촉각에 관련된 쾌락이 우뚝 솟아 있어

이처럼 이런 불안정함이 있기 때문에 즐거움은 '최고로 좋은 것'이라는 칭호를 받기에는 한참 못 미친다. 그러나 그것이 즐거움의 단점 중에 가장 나쁜 것은 아니며, 무절제의 결과 중에서 가장 나쁜 것도 아니다. 그 불안정함보다 더 우리가 즐거움에 대해 걱정해야 하는 것은 바로 즐거움의 구조다.

* 『윤리학』, VIII, 1156 b 27.

"여타의 동물들도 동참하는 이런 종류의 즐거움에 절제와 무절제가 관련한다. 바로 그렇기 때문에 이런 즐거움은 노예적이며 짐승 같은 것으로 보이는 것이다. 촉각과 미각이 그런 것이다."
(『윤리학』, III, 1118 a 25~26)

우리의 감각 가운데 (아리스토텔레스에게서는 미각까지 포함하는) 촉각은 아마도 생존에 직결된 가장 중요한 감각, 잃어버리면 곧바로 죽음에 이르게 되는 그런 감각일 것이다. 실제로 촉각은 우리의 최후 방어벽이다. 멀리에서 지각되는 위협은 손 내밀면 닿는 거리의 위협만큼은 위급하게 다가오지는 않는다. 위협이 우리에게 와닿을 때 나쁜 일이 벌어지는 것이다. 아직 위험에 불과한 위협은 예방이 필요하지만, 이미 고통이 되어버린 위협은 치료가 필요하다.

그러니까 촉각과 관련된 쾌감의 특별한 성질은 그것이 '생명을 지키는' 위치에 있다는 사실로 설명할 수 있다. 이는 언제나 고통이 섞여 있는 쾌감으로서 위기 상황에 곧바로 대응해야 한다. 비교하자면 보는 쾌감이나 듣는 쾌감에는 치료 기능이 없기 때문에 애매함이 덜해 보인다. 그것들은 고통을 없애는 일을 해야 하는 치유책이 아니다. 먹는 즐거움이나 성관계의 즐거움과는 반대로 전원의 풍경을 바라보는 즐거움이나 세레나데를 듣는 즐거움은 어떤 결핍이 해소되는 즐거움은 아니다.

"배움에서 얻는 즐거움과 감각에 따른 즐거움 중 후각을 통한 즐거움, 그리고 많은 소리와 볼거리, 기억과 희망, 이것들은 모두 고통 없이 일어나기 때문이다. 그렇다면 이것들은 무엇의 생성이란 말인가? 어떤 것이 도대체 결핍된 적이 있어야 그것의 충족도 일어날 것이 아닌가?"(『윤리학』, X, 1173 b 16~20)

그러나 불행히도 우리가 행복의 이상을 가져오는 곳은 보는 즐거움이나 듣는 즐거움에서가 아니다. 그것은 모두에게 가장 익숙하고 가장 공통적이고 가장 잘 엄습해오는 촉각의 즐거움에서다.

"그러나 즐거움이라는 이름 전체를 차지해버린 것은 육체적인 즐거움인데, 이것은 육체적인 즐거움에 가장 빈번하게 빠져들며 또 모든 사람이 그것을 나누어 가지기 때문이다. 그들이 아는 것은 이것뿐이었으므로 사람들은 이런 즐거움만 존재하는 것이라고 생각하는 것이다."(『윤리학』, VII, 1153 b 34~1154 a 1)

언제나 고통이 섞여 있는 행복

그러면 우리가 고통의 계기가 되지 않을 어떤 행복을 상상하지 못한다고 해서 무엇이 놀랍겠는가? 우리는 영양분을 섭취하는 즐거움이 섭취하지 못하는 고통과 서로 연관되어 있는 것과 마찬가지로 우리를 행복하게 만드는 것에 대해서도 그것이 없으면 쓰라린 고통을 겪게 되리라고 예상한다. 바로 이것이 무절제의 세 번째 문제점이다. 행복의 이상은 결여된 그만큼 가치 있는 어떤 것의 실현에 달려 있기 때문에 우리를 그렇게 무한정 고통스럽게 한다.

우리는 행복을 추구하는 동안 고통을 받기도 한다. 명예에서 삶의 이상을 보는 사람은 사람들이 조금만 무시해도 몹시 괴로워한다. 모든 지복이 신에게 있다고 믿는 신앙인은 그렇게 오랫동안 신과 떨어져 있었던 자신을 보면서 고통스러워한다. 자신의 삶의 모든 가치가 오직 한 사람에게만 달려 있다고 여기는 연인은 그 사람을 자유롭게 놓아주는 일을 견디지 못한다. 이런 사례는 계속 이어진다. 우리가 행복을 상상하면서 부지불식간에 고통의 모습마저 지닌 행복을 빚어가고 있을 때 우리는 촉각에 관련된 쾌락에 전형적인 결핍(목마름, 배고픔, 욕구 불만)의 상황을 되풀이하고 있는 것이다.

그러므로 우리가 열망하는 모든 것이 우리에게 커다란 기쁨의 원천이 되는 것은, 그것이 동시에 이를 악물고 참아야 하는 결핍의 원인이 되기도 하기 때문이다. 누구나 이 결핍을 없애기 위해서, 자신이 만들어낸 배고파 울부짖는 입의 공허가 주는 이 고통을 없애기 위해서 무슨 짓이건 하리라는 것을 직관적으로 알고 있다. 이는 공공연한 진실이다.

"이 무절제한 사람들은 결국 자신들 안에 스스로 일종의 갈증을 만들어내는 사람들이다."(『윤리학』, VII, 1154 b 3)

갈망하던 좋은 것을 소유하는 것은 두려운 일이기도 하다. 우리가 마침내 다다른 목표에서 어떤 즐거움을 끌어낼 수 있을까? 낙원은 영원한 휴식의 모습을 하고 있다. 우리는 달아나는 것을, 우리에게 저항하는 것을 지독히 사랑한다. 결핍은 우리가 발견할 즐거움을 늘려주기 때문이다. 그러나 우리가 가지고 있는 것, 주인의 평온한 마음으로 소유하고 있는 것, 우리는 그런 것은 더 이상 사랑하지 않는다. 꿈을 실현할 때마다 우리는 그 꿈이 가져다주기로 예정되어 있던 행복을 내버린다. 그리고 새로운 삶의 이유를 찾고 새로운 계획을 세운다. 우리 삶은 마법이 풀려버린 꿈의 연속이다. 정숙한 아내가 된 신데렐라의 매력은 이런저런 다른 열망 때문에 버려진다. 떠들썩한 인정은 어서 빨리 메워야 할 커다란 공허를 뒤에 남긴다. 대중 속에서 처음 거둔 성공은 더 높은 목표의 추구 속에서 금세 잊힌다. 끝이 없는 달리기, 속임수, 우리는 충만함을 욕망하지만 결핍을 쫓아가고 있다.

보건 정책은 흡연의 나쁜 습관을 없애지 못할 것이다. 흡연은 훨씬 더 먼 곳에서 시작된 것이기 때문이다. 실제로 담배는 삶에서 끝없이 우리를 괴롭히는 악의 징후다. 담배는 강력한 결핍 상태를, 언제나 쾌락을 약속하며 잔류해 있는 결핍을 자신 안에 만들어내려는 끈질긴 의지가 구체화된 것이다. 아리스토텔레스가 무절제는 우리를 어쩔 수 없이 '터무니없는 것들' 쪽으로 데려간다고 쓴 것은 바로 그런 이유 때문이다. 역설적으로 무절제는 우리가 고통의 계기를 찾도록 이끈다. 그렇기에 자신을 그토록 고통스럽게 만드는 일을 끝내고 싶다면 무절제하게 처신하는 것에서 벗어나려고 노력해야 한다.

> "실천적 지혜가 있는 사람은 이런 것들과 관련해서 고통 없는 상태를 추구한다. 이런 것들은 욕구와 고통을 동반하는 즐거움, 즉 육체적 즐거움과(왜냐하면 바로 이런 즐거움이 욕구와 고통을 동반하는 그런 성질의 것이기 때문이다) 그것들의 지나침이다. 그리고 이런 것들을 따르는 것이 바로 무절제한 사람을 무절

제하게 만든다. 그런 까닭에 절제하는 사람은 이런 것들을 피한다. 절제하는 사람에게도 나름의 즐거움이 있기 때문이다."
(『윤리학』, VII, 1153 a 32~35)

짚고 넘어가기

1 당신은 공포 영화나 스릴러 영화를 즐겁게 본 적이 있는가? 무서워하는 것을 그렇게 좋아하다니 참 이상한 노릇이 아닌가! 무서움은 전혀 기분 좋은 것이 아닌데도 말이다. 그렇기는 하다. 그러나 위험이 제거되었을 때 공포감은 아주 강렬하기에 놀라운 감정이 된다. 그것은 전율을, 어떤 생생한 감정을 일으키는데, 바로 이것이 정확히 우리가 찾고 있던 것이다. 얼마나 훌륭한 자극인가! 당신은 원래는 부정적이던 어떤 감정이 결국에는 기분 좋은 것이 되는 다른 상황을 떠올릴 수 있겠는가?

2 왜 아름다운 연애사의 첫 순간은 언제나 가장 강렬해 보일까? 왜 새로운 만남에서 그렇게 큰 흥분을 느끼는 걸까? 다른 무언가를 발견하는 데에서 오는 즐거움일까, 아니 차라리 그것을 아직 모른다는 것에서 비롯되는 즐거움일까? 신비를 한편에 간직하기, 자신을 너무 드러내지 않고 쉽게 내주지 않기, 파트너에게 자신을 통해서 또 다

른 사람을 사랑할 수 있는 가능성을 주기, 이런 것들이 즐거움을 지속시킨다. 당신이 자신을 훤히 드러내 보여주면 모든 것을 잃게 될지 모른다. 아무리 아름답다고 해도 현실은 환상을 꺾게 마련이다. 보통의 사랑이란 착각을 유지하는 기술이 아닐까?

3 진지하게 생각해보라. 당신은 작은 소동이 하나도 없는 삶을 오래도록 살아갈 수 있을까? 우리는 소소한 말썽을 아주 좋아한다. 먼 길을 가는데 아무 일도 일어나지 않고 조용하기만 하다면 끔찍하게 지겨울 것이다. 새로운 기분을 느끼게 해줄 만한 돌발적인 일이 전혀 없는 것이다. 말썽을 일으킨 뒤에 하는 화해란 얼마나 달콤한지! 날마다 헤어질 구실을 거의 꾸며내는 지경까지 이르는 것도 관계 회복의 즐거움을 끝없이 맛보기 위해서일지도…….

4 한바탕 노는 것을 좋아하는가? 기회가 될 때마다 즐기는

편인가? 웃음이 흘러넘치는 파티에 참가하는 것만큼 기분 좋은 일도 없다. 잔뜩 퍼마신 파티, 거나하게 취한 밤은 우리 세속인들이 쾌락의 신을 찬양하며 거행하는 대미사다. 모든 예식이 그러하듯 우리는 나무랄 데 없는 태도를 보여야 한다. 쾌활함을 지녀야 하고, 너무 진지한 대화를 금해야 하며, 무슨 일이 벌어지건 생각을 하지 말아야 한다. 쾌락은 요구가 많은 우상이다. 우울한 표정을 짓고 있는 사람을 조심하라! 멋진 파티를 기분 좋게 즐기려면 얼마나 노력해야 하는지……. 때로 당신은 저마다 미소를 잃지 않으려고 입가에 힘을 주고 있어야 하는 이런 파티가 피곤하지 않은가?

II

이해하기

탁월성을 배워라

아리스토텔레스는 즐거움을 포기하라고 권하는 것도 아니고, 금욕적으로 살라는 경건한 충고를 하는 것도 아니다. 그는 뭔가를 즐긴다는 생각 자체를 끔찍한 것으로 여기는 무미건조한 금욕의 길을 장려하지 않는다. 이런 종류의 처방은 철학과 동양의 구도생활에서 커다란 성공을 거두었다. 자신의 욕구에 초연하기, 미친 듯이 쾌락을 좇기보다는 평정과 평온함을 수양하기 등등의 처방은 많은 이의 눈에 현자의 삶이 어떤 것인지를 보여준다. 시종일관 쾌락에 끌리는 마음은 우리를 병들게 하기에 치유책은 간단해 보인다. 맨빵과 물로 살아가기! 쾌락을 가꾸는 기술이라고 하는 에피쿠로스 철학조차도 쾌락 앞에서 움츠러드는 그런 종류의 태도를 처방한다. 그것은 단순한 쾌락을, 시공

간상으로 철저하게 한정된 충족하기 쉬운 쾌락만을 찾도록 권유한다. 그러니까 맨빵과 물 등등.

아리스토텔레스의 철학을 매력적으로 만드는 것은 그의 철학이 이런 가혹한 처방의 대척점에 놓여 있다는 사실이다. 삶을 자제하는 것, 조심조심하며 모든 것에 안심할 수 있도록 생활을 좁은 범위로 축소시키는 것은 진정한 치유의 길이 아니다. 기껏해야 이것은 피해를 줄이는 방법일 뿐이며, 마치 바람이 불 때마다 밖에 나가지도 못하는 허약한 체질의 아이를 만드는 일과 같다. 이렇게 조심하는 것으로는 결코 병에서 벗어날 수가 없다. 마치 병을 피하는 것이 정말로 불가능하기라도 한 것처럼, 언제나 우리 집 대문 문턱에서 병이 위협하며 노려보고 있기라도 한 것처럼 병의 비위를 맞추고 있을 뿐이다. 대책을 마련할수록 우리가 병들었다는, 쾌락에 병들었다는 사실을 좀더 환기시켜줄 뿐이다.

물론 쾌락을 마냥 좇는 일은 우리를 불행하게 만든다. 그러나 나쁜 것은 쾌락 그 자체가 아니다. 나쁜 것은 쾌락을 '최고로 좋은 것'으로 여기고 좇는 것이다. 쾌락을 삶의 이상으로 만들기를 포기하는 것, 그것은 역설적으로 진정한 쾌락의 길을, 엄습하는 고통이 더 이상 섞여들지 않는 쾌락의 길을 열어준다. 절제하는 사람의 쾌락이 바로 그런 것이다.

탁월함에 대한 욕망

만일 우리가 쾌락을 위해 살고 있다면, 이는 우리가 살아가는 데에서 즐거움을 느낄 줄 모르기 때문이다. 그러니까 우리의 무절제는 자신에 대해 불만스러워하고 있음을 드러내는 일종의 보상 수단인 셈이다. 그런 불만이 어디에서 비롯되는 것일까? 우리 모두를 괴롭히며 조여드는 어떤 깊은 욕망에서, 자신을 최고로 발휘해야 한다는 끊임없는 관심에서 비롯된다.

삶에서 즐거움을 못 느껴 즐거움을 위해 살다

앞에서 우리는 어떻게 삶의 계획과 전망이 결핍의 영구적인 상태를 키워내는지를 살펴보았다. 끔찍한 무력감의 형태로서가 아니라면 어떻게 이런 결핍이 우리에게 나타날까? 우리는 정말 그렇게 실제로 불완전하고 아무것도 끝마치지 못한 미완성의 존재라고 느낀다.

"즐거움을 느끼면서 마시는 것과 즐겁게 마시는 것은 다르다. 왜냐하면 목마르지 않거나 좋아하는 음료를 못 얻는 사람도 마시면서 즐기는 사람이 될 수는 있으니, 이는 마시고 있기 때문이 아니라 앉아서 보기도 하면서 보이기도 하는 일이 동반되기 때문이다. 그래서 우리는 그가 즐거움을 느낀다고, 그리고 즐거움을 느끼면서 마신다고 말하지 마시기 때문에 즐거움을 느낀다거나 즐겁게 마신다고는 말하지 않을 것이다. (……) 마찬가지로 어떤 삶을 지닌 사람에게 그 삶이 있는 것이 즐거울 때 우리는 그 삶을 즐거운 것이라고 말할 것이다. 그리고 즐기는 것이 사는 것에 동반되는 모든 사람이 아니라 삶 자체가 즐겁고 삶에서 나오는 즐거움을 즐기는 사람들이 즐겁게 산다고 말할 것이다."(『권고』, B 88.1~88.3)

이 발췌문은 자신에게 만족하지 못하는 우리의 무능력과 무절제가 어떤 관계가 있는지를 섬세하게 분석하여 보여준다. 많은 점에서 우리는 "즐겁게 마실" 줄을 모르기 때문에 "즐거움을 느끼면서 마시는" 그런 사람을 닮았다. 즐거움을 느끼면서 마신다는 것은 마신다는 단순한 사실이 아닌 다른 것이 우리가 입으로 가져가는 술잔을 즐거운 것으로 만든다는 말이다. 술이 주는 즐거움은 부수적인 일이 된다. 술은 이제 그것에 동반되는 다른 모든 것을 통해서 간접적으로 즐거움을 주는 대상이 되는 것이다. 예를 들어 우리가 테라스에서 친구들과 "한잔 하려고" 할 때 느끼는 것이 바로 이런 종류의 좋은 기분이다. 우리는 맥주나 포도주가 특별히 맛있으리라고 기대하지 않는다. 그것들을 멋진 것으로 만들어주는 것은 그것들 자체에 뭔가 특별한 성질이 들어 있기 때문이 아니라 햇볕을 쬐면서 좋아하는 친구들과 대화를 나눌 수 있는 기회를 제공하기 때문이다.

이처럼 우리는 정말이지 "테라스의 음주가"처럼 행동하며 살아가는 것이다. 우리는 "즐겁게 살기"를 할 줄 몰라서 "즐거움을 느끼면서 살기"를 절망적으로 시도한다. 우리는 즐거움의 원천을 삶이 아닌 다른 곳에서 찾는다. 우리를 행복하게 해줄 책임을 다른 대상에 맡기고서 그곳에서 즐거움의 원천을 찾는다. 심지어 삶을 즐긴다고 주장하는 사람들조차도 이런 비난을 언제나 피하지는 못한다. 삶을 게걸스럽게 깨물어 먹는 것, 이것이 자신을 즐겁게 만들 기회를 늘리려는 것이 아니라면 무엇인가? 대식가, 주당, 돈을 펑펑 써대는 사람, 날마다 흥청거리는 사람들은 어떤 위안거리를 쫓아가듯 즐거움의 뒤를 쫓아 달려간다. 우리가 참된 즐거움이 없이 살아갈 때 우리는 즐거움을 위해 살아가는 것이다. 그리하여 사는 일과 즐기는 일 사이의 일치를 추구하라고 강제하면서 우리를 마구 괴롭히는 만성 불만이 우리 생활 속에 자리를 잡는 것이다. 우리가 삶을 즐길 줄을 모르기에…….

미완성의 깊은 감정

그러므로 우리가 자신의 삶을 음미할 수 있다면 사정이 아주 좋아질 것이다. 그렇다면 도대체 무엇이 우리가 그렇게 하는 것을 방해하는 걸까? 즐거움을 누릴 기회를 우리 자신이 아닌 다른 곳에서 찾게 만드는 이런 고집스러운 불만족은 어디서 오는 걸까? 만일 어린아이가 스스로 자기를 평가하는 것을 아주 어려워한다면, 그래서 다른 사람들의 평가를 몹시 필요로 한다면("엄마, 이것 좀 봐요!"), 이는 그가 아직은 많은 부분에서 미완의 존재이기 때문이다. 그가 미완성의 느낌을 갖는 것은, 당연한 일이지만 삶이 아직 그에게 완성의 기회를 주지 않았기 때문이다. 이 경우에는 아이에게 유효한 것이 여전히 우리에게도 해당된다. 어른이 되었다고 해도 우리는 자신의 삶이 불만스러운데, 지금 자신의 모습이 우리에게 예정되어 있다고 느끼던 모습과는 다르기 때문이다. 우리의 불만족은 언제나 끈질기게 찾아드는 이런 미완성의 인상에서 비롯된다. 우리가 살게 될 것이라고 믿던 것과는 다른 모습으로 살고 있기에 불쾌한 느낌이 더욱 오래도록 이어지는 생활을 하고 있다. 우리 안에 있는 무언가는 우리가 행동을 통하여 자신을 펼치고 장애물이 있더라도 자신을 표현하기를 요구한다. 우리는 자신의 현재 모습이 우리가 될 수 있는 모습과 아직 맞지 않는다고 느끼는 것이다.

요컨대 우리가 절망적으로 매달리는 행복의 모든 이미지는 자신을 활짝 피워내고 싶은 자연스런 욕망의 불완전한 표현에 다름 아니다. 자신을 '피워내는 것'은 꽃이 방해받지 않고 제 모습이 될 때 하는 그런 일이다. 싹으로 있던 우리가 진짜 몸을 갖는 기회를 얻을 때 하는 그런 일이다. 자기 자신과 일치한다는, 마침내 나 자신이 되었다는, 이루어냈다는, 완성되었다는 그런 느낌이 바로 우리가 행복에 대해서 갖는 생각이다.

행복에 대한 여러 의견 사이에 존재하는 불일치는 그러므로 우리가 생각하는 것만큼 그렇게 크지 않다. 우리를 행복하게 만드는 것이 무엇인지를 아는 문제가 걸려 있을 때 비로소 의견이 대립되는 것이다. 그러나 행복이 어떤 종류의 상태를 가져다주는 것인지 묻자마자 더 이상 조금의 논쟁의 여지도 남지 않는다. 행복하다는 것, 그것은 활짝 피어나는 것, 구속받지 않고 자기를 실현하는 것이다.

"각각의 품성상태가 방해받지 않는 활동을 갖는 한, 모든 품성상태의 활동이 행복이든 그것 중 어떤 품성상태의 활동이 행복이든, 그 활동이 방해받지 않는 것이라면 가장 선택할 만하다는 점은 아마 필연적이기까지 할 것이다. (……) 그리고 바로 이런 까닭에 모든 사람은 행복한 삶이 즐거운 삶이라고 생각하며, 행복 안에 즐거움을 집어넣는 것이다. 이것은 일리가 있는 일이다. 어떤 활동도 방해를 받아서는 완전해지지 않는데, 행복은 완전한 것 중 하나이기 때문이다."(『윤리학』, VII, 1153 b 10~16)

탁월성에 대한 욕망

그런데 이런 실현에 대한 관심은 탁월성에 대한 관심에 다름 아니다. 행동이 최고의 완벽함을 띠는 것은 우리 능력이 구현될 때다. 칼이 맡은 일은 자르는 것이다. 그러나 칼이 잘 자르고 제 기능을 완벽하게 실현하는 만큼 더욱더 그 본성에 부합한다. 마찬가지로 자연은 우리에게 행동하고 생각하는 능력을 주었다. 그러나 이런 능력은 우리가 효과적으로 행동하고 나무랄 데 없이 생각할 때에 가장 잘 구현된다. 이렇게 우리는 실현을 가리키는 탁월성을 욕망한다. 그러므로 자기 자신이 되고자 한다는 것은 분명 그저 현재 자신의 모습에 만족한다는 것이 아니다.

마치 우리가 괴로워하는 이런 시시하고 평범한 모습이 되기를 각오하기라도 해야 하는 듯이 말이다. 자신의 모든 실력을 발휘할 수 있을 때에만 정말로 자기 자신이 되는 것이다.

우리가 자신을 활짝 피워낼 수 있도록 해주는 이런 속성을 아리스토텔레스는 '탁월성'이라 부른다. 칼의 탁월성은 잘 자르는 것이다. 기타리스트의 탁월성은 기타를 완벽하게 연주하는 것이다. 사람의 탁월성은 잘 행동하고 잘 생각하는 것이다.

"먼저 모든 탁월성은 그것이 무엇의 탁월성이건 간에 그 무엇을 좋은 상태에 있게 하고, 그것의 기능을 잘 수행하도록 한다는 점을 지적해야 할 것이다. 예를 들어 눈의 탁월성은 눈과 눈의 기능을 좋은 것으로 만든다. 우리는 눈의 탁월성에 의해 잘 보는 것이니까. 마찬가지로 말의 탁월성은 말을 신실하고 좋게 만드는 데도, 달리는 데도, 사람을 실어 나르는 데도, 적과 맞서는 데도 좋은 말로 만든다. 그래서 만일 다른 모든 경우에도 이와 같다고 한다면, 인간의 탁월성 역시 그것에 의해 좋은 인간이 되며, 그것에 의해 자신의 기능을 잘 수행할 수 있게 만드는 품성상태일 것이다."(『윤리학』, II, 1106 a 15~23)

물론 우리가 익히 알고 있는 용기, 절제, 솔직함, 관대함 등도 탁월성이다. 그것들은 나름의 방식으로 우리의 뛰어난 자질을 나타낸다. 예를 들어 용기가 탁월성이 되는 것은 역경과 위험이 위기에 맞설 수 있도록 해주는 능력을 소진시켜버리기 때문이다. 절제가 탁월성이 되는 것은 욕망이 언제나 우리를 결심에서 멀어지게 만들기에 우리가 원하는 것에 충실할 수 있도록 해주는 보완적인 힘을 우리 안에서 발견해야 하기 때문이다. 솔직함이 탁월성이 되는 것은 기분을 상하게 할 두려움과 싸워야 하기 때문이다. 이처럼 커다란 어려움은 자신의 탁월성을 발휘할 기회가 된다. 게다가 이는 왜 도전적인 상황을 찾는 것이 탁월성의 한 가지 성향인지를 설명해준다. 자신을 최대로 발휘하기 위해서 쓰러뜨릴 만한 착한 용 같은 것은 없다! 탁월성에 대한 의지는 그러므로 행동에 대한 의지다.

> "(……) 탁월성도 언제나 더 어려운 것에 관계한다. 이렇게 더 어려운 경우에 잘 해내는 것이 더 나은 것이니까."(『윤리학』, II, 1105 a 10)

상황에 따라 발휘하는 탁월성

아리스토텔레스는 기타를 잘 연주하거나 용기를 내는 데에는 단 한 가지 방식만 있다고 주장하지는 않는다. 한 사람에게 탁월성이 되는 것이 언제나 다른 사람에게도 그런 것은 아니다. 그리고 한 사람에게도 어떤 순간에 탁월성이 되었던 것이 다음 순간에도 반드시 그런 것도 아니다. 탁월한 행동은 상황에 따라 달라진다. 탁월성의 문제에서는 모든 특수한 것을 무시하고 마냥 규칙을 정하려 해서는 안 된다. 끝없는 숙고가 우리에게 필요하다는 것은 바로 상황이 가변적이고 종종 막연하기도 하기 때문이며, 단일한 지배적인 원칙으로 풍부한 다양성을 억누르려 하는 것은 잘못된 일일 것이기 때문이다.

> "그런데 후함은 재산에 따라 말해진다. 후하다는 것은 주어지는 것의 양에 달려 있는 것이 아니라 주는 사람의 품성상태에 달려 있는 것이며, 이 품성상태는 자신의 재산에 따라 주기 때문이다. 그렇다면 더욱 적은 양을 준 사람이라도, 만약 그가 더욱 재산이 적음에도 준 것이라면, 더 후하지 말라는 법은 없다."(『윤리학』, IV, 1120 b 8~10)

처해 있는 상황이 서로 다르듯 사람들은 저마다 다르다. 엄격하게 수련을 쌓은 예술가조차도 오랫동안 고생을 한 뒤에야 자기만의 스타일을 찾는다. 그는 시도하고 시험해보고 지칠 줄 모르고 다시 시작한다. 그런 뒤에 숙고를 거듭한 덕분에 조금씩 동작이 유연해지고 붓놀림이 부드러워지고 자유자재로 행동을 구사하게 된다. 마침내 그는 그림을 그리거나 연주를 하거나, 춤을 추거나 글을 쓰는 자신만의 방식을 발견한다. 그는 자신의 스타일을, 말하자면 자신의 탁월성을 발견한 것이다. 탁월성만큼 덜 체계화된 것도 없다!

짚고 넘어가기

1 우울한 기분이 들 때 당신에게 가장 먼저 힘을 주는 것은 무엇인가? 어떤 이들은 초콜릿에 미친 듯이 달려들고 어떤 이들은 쇼핑을 하러 나가거나 반짝반짝 윤이 날 때까지 집을 쓸고 닦는다. 이는 즐거움의 추구가 언제나 어떤 진정제처럼 작동한다는 증거가 아닐까? 고통을 쫓아내는 가장 좋은 방법은 그것을 즐거움으로 덮는 것이다.

2 행복한 사람들을 보면 정말 짜증난다고 느낀 적이 있는가? 당신의 경우에는 왜 그랬는가? 그들은 정말 운이 좋아 무슨 일을 해도 성공하는 것 같다. 하지만 사실 운은 중요한 것이 아니다. 그들은 성공했기에 활짝 피어난 것이고, 자신을 활짝 피워낼 줄 알았기에 성공을 거둔 것이다. 다른 이들은 우울해할 뿐 아니라 되는 일이 하나도 없는데 말이다! 우울한 것은 되는 일이 없기 때문이고, 되는 일이 없는 것은 자신을 피워낼 방도를 아직 찾지 못했기 때문이다. 정말이지 부자에게만 돈을 빌려주는 법이다!

3 저마다 옷을 입고 머리를 손질하고 걸음을 걷는 자기만의 방식이 있다. 이는 별것 아닌 일로 보일 수도 있지만, 전혀 그렇지 않다. 아침마다 어떤 옷을 입을지 자문할 때 당신은 무엇이 자신에게 가장 가치 있는지 은연중에 생각하고 있는 것이다. 재킷을 입을지 원피스를 입을지 망설이고 있을 때 당신이 하는 고민은 자신에게 고유한 어떤 탁월함을 사람들에게 표현하려는 관심의 증거다. 어떤 옷은 몸매를 가리고 어떤 머리 모양은 어울리지 않는다. 아주 평범한 이 모든 일을 열심히 하는 것도 자기에게 관심을 갖고 존중하는 한 가지 방식인 것이다.

4 당신에게서 어떤 점이 높이 평가할 만한 것이라고 생각하는지 친구들에게 물어보라. 당신의 자존심을 채워주려는 것이 아니라 다른 사람의 도움을 받아 당신이 개발하면 좋을 능력을 찾아보려는 것이다. 그들의 판단이 당신과 얼마나 다른지 알고서 놀랄 수도 있겠다. 여러 사람들

이 공유하고 있는 의견이 있다면, 당신은 그런 의견을 진지하게 고려해봐도 좋을 것이다. 때로 자기 자신의 느낌은 정확하지 않다. 어떤 특정 방향에서 성공하려는 욕망이 자신의 진정한 재능을 보지 못하게 가리기 때문이다.

이기주의의 탁월성

우리가 살펴보았듯이 탁월성을 추구하는 것은 자신에 대한 이기적인 관심에 부합한다. 자기 자신을 위해서 탁월함을 추구하는 것이지 남을 위해서 그런 것이 아니다. 그러나 탁월성은 (악덕도 그렇지만) 도덕적인 차원을 보여주기도 한다.

이타성의 난관

도덕적인 행위는 무엇보다도 이타적인 행위가 되어야 한다는 것은 아주 친숙한 생각이다. 그래서 우리는 이기주의가 정당한 것으로 인정을 받을 수 있으리라는 것을 상상하기 힘들 정도다. 타인에 대한 관심과 배려가 자신에 대한 관심보다 앞서야 하는 것 아니겠는가?

"사람들은 자기 자신을 제일 아끼는 이들을 비난하며 이기적인 사람이라는 창피한 말로 낮춰 부르기 때문이다. 열등한 사람은 모든 것을 자기 자신을 위해서 행하는 듯하며, 못될수록 더 그러는 것 같다. 그래서 사람들은 그를 예로 들어 '자기와 상관이 없으면 아무것도 하지 않는 사람'이라는 식으로 불평하는 것이다. 그러나 훌륭한 사람은 고귀함을 이유로 모든 것을 행하며 그가 훌륭할수록 더 고귀함을 이유로 행하거나 또 친구를 위해서 행하며 자기 자신의 것은 미루어놓는다. 그런데 이런 이야기는 실제와는 거리가 있으며, 이는 이상한 것이 아니다."(『윤리학』, IX, 1168 a 30~36)

정말 맞는 말이다. 남을 우선시하는 것은 우리가 자신을 중시하지 않는 만큼 그들에 대해 애착을 가지고 있다는 사실을 드러내 보여준다. 우리가 고분고분하게 다른 사람을 따를 때에는 모종의 콤플렉스가 작동하고 있는데, 우월감 콤플렉스만큼이나 열등감 콤플렉스도 담겨 있다.

남이 나보다 우선시되는 것이기에 사실상 관건이 되는 것은 열등감 콤플렉스다. '너무 친절한' 사람들은 남들이 자기를 무시해도 가만히 있고, 남이 한쪽 뺨을 때리면 다른 쪽 뺨도 기꺼이 내미는 그런 사람이다. 그들은 남들이 뭐라 하자마자 자기가 잘못했다고 인정하고, 자신이 저지르지도 않은 잘못에 대해서도 언제나 사과를 한다. 이런 친절은 아첨과는 다르다. 이런 태도는 지나치게 자신을 비하하는 모습을 보여서 다른 사람이 동조자가 되어 그를 심하게 학대하고 싶어질 정도이니 말이다. 이런 친절을 포부가 작은 것이라고 부를 수 있다.

> "포부가 작은 사람은 본인이 좋은 일들을 할 만한 사람임에도 자신이 할 만한 것들을 스스로 박탈한다. 그리고 그는 자신이 그 좋은 일들을 할 만하지 않다고 평가함으로써 어떤 나쁨을 가지고 있는 사람으로, 자기 자신을 모르고 있는 사람으로 보인다. 그렇지 않았다면 그는 실제로 좋은 것이었으며, 자신이 할 만했던 그것들을 추구했을 테니까. 그래도 이들은 어리석은 사람으로 보이기보다는 위축된 사람으로 생각된다."(『윤리학』, IV, 1125 a 20~24)

그러므로 이런 열등감은 자기 자신을 제 가치로 평가하지 못하는 무능력에서 생겨나는 것이다. 이런 자기 비하는 다른 사람에게 지나친 중요성을 부여하는 결과로 이어진다. 우리는 모든 것을 내어주면서 자신을 숨기는 것에 그치지 않는다. 우리는 다른 사람의 자비와 호의를 불러일으켜 우리가 자신을 사랑하는 것보다 그가 우리를 더욱 사랑하도록 만들기를 소망한다. 친절은 결코 공짜가 아닌 것이다. 그것은 우리가 남에게 모든 좋은 것을 바쳤으니 남도 우리를 사랑해야 한다는 의무를 부과하는 어떤 방식이라는 점에서 스스로 속죄소贖罪所가 되고자 한다. 우리는 그리하여 우리 자신을 되찾아달라는, 자신에 대한 저평가를 그의 사랑으로 회복시켜달라는 무거운 부담을 그에게 부과하고 있는 것이다.

이것이 바로 정말로 친절한 이들이 겉으로 오만해 보이고, 정말 오만한 이들이 겉으로 친절해 보이는 이유다. 모두 배은망덕한 행동이나 거친 반응과 무관심한 태도를 몹시 불쾌한 모욕으로 여기는 것이다. 그들은 사랑받기를 원하고, 무엇보다 사람들이 그들을 생각해주기를 원한다. 그리하여 실제 자기 모습보다 자신이 더 대단하다고 느끼는 우월감 콤플렉스는 열등감 콤플렉스와 서로 손잡고 가는 것이다. 소심한 사람과 오만한 사람은 샴쌍둥이이다. 우리가 아주 중요하게 여기는 이타성은 사랑이라는 다정한 모습을 하고 있지만, 이와 더불어 미움의 모든 자원도 분명 갖고 있다. 명예에 대한 강박, 공격적인 과민함, 존경받음에 대한 호전적인 선망 등이 그것이다.

다른 이들과 건강한 관계를 맺는 이기주의

자신을 충분히 사랑하고 다른 사람에게 쉽사리 양보하고 싶어 하지 않는 사람은 갈등 관계에 훨씬 덜 노출된다. 그는 자기 자신과 맺는 본질적인 관계를 이웃과 맺는 관계에다 걸지 않는다. 그 결과로 그는 남이 저지른 잘못에 대해서도 그만큼 더 잘 용서한다. 자신에 대한 이 정당한 평가를 아리스토텔레스는 '포부가 큼'이라고 부른다. 그는 그곳에서 "탁월성의 면류관"*을, 다시 말해 어떤 사람에게 있는 탁월성을 눈에 띄게 만들어주는 성질이 있음을 본다. 아리스토텔레스가 이를 다루는 대목에는 다른 이들과 관련하여 커다란 의연함을 보여주고, 자신에게 가치 있는 것을 알기 위해서 남들의 평가를 거의 필요로 하지 않는 만큼 더욱더 도덕적으로 처신하는 어떤 사람의 심리적 윤곽이 그려져 있다.

> "포부가 큰 사람은 (……) 다른 사람에 의존해서 살 수 없다. 그렇게 하는 것은 노예 같은 일이니까. 그런 까닭에 모든 아첨꾼은 고용된 일꾼이며 비천한 사람들은 아첨꾼인 것이다. 포부가 큰 사람은 쉽게 경탄하는 사람도 아니다. 그에게는 어떤 것도

* 『윤리학』, IV, 1124 a 1~2.

대단하지 않기 때문이다. 그는 또 나쁜 일들을 오래 기억하는 사람도 아니다. 지난 일들을 기억해서 불편해하는 것, 특히 나쁜 일들에 대해 그러는 것은 포부가 큰 사람이 하는 일이 아니니까. 차라리 눈길을 주지 않는 것이 포부가 큰 사람의 특징이다. 그는 또한 사람들에 대해 이야기하기를 좋아하는 자도 아니다. 그는 자기 자신에 관해서도 타인에 관해서도 말하지 않는다. 그는 자신이 칭찬을 받는 일에도 다른 사람이 비난을 받는 일에도 모두 신경을 쓰지 않기 때문이다. 그는 또한 칭찬하는 사람도 아니다. 바로 이런 이유 때문에 험담을 하는 사람도 아니다. 심지어 적이라 하더라도, 오만 때문이 아니라면 그는 험담하는 사람이 아니다."(『윤리학』, IV, 1125 a 1~9)

이는 다른 사람과 관련하여 무심함과 초연함을 발휘함으로써 화를 내거나 미워하지 않는 태도이다. 탁월성의 윤리는 그러므로 이웃을 네 몸과 같이 사랑하라고 촉구하는 복음서의 도덕과는 아주 멀리 떨어져 있다. 반대로 이는 스스로 자기를 증명해야 하는 의무가 다른 사람의 판단에 의해 덜어지기를 기대하지 말고, 우리가 먼저 자기 자신을 사랑하기를 요구한다. 이웃에게 도움이 되는 가장 좋은 방법은 우리가 자신과 맺는 열정적인 관계의 테두리 안에 이웃을 살짝 들여놓는 것이다.

우정, 선택적 애정

그런데도 분명 세상 모든 사람이 이 원의 바깥에 있어서는 안 될 것이다. 포부가 큰 사람의 삶 속에는 사랑과 우정의 자리도 있는 것이다. 커다란 우정의 열정이나 사랑의 격정을 모르고 사는 삶이란 도대체 어떤 모습이겠는가? 고독으로 빚어진 그런 생활을 누가 원하겠는가? 아리스토텔레스는 다른 모든 좋은 것을 가졌다고 해도 친구가 없다면 아무도 그런 삶을 선택하지 않으리라고 말한다. 한 번도 사랑을 해보지 않은 사람이 자기는 행복하다고 주장할 수 있으리라고, 그의 말을 진지하게 받아들일 수 있으리라고는 상상하기 어렵다. 이처럼 애정이란 우리가 행복에 대해 갖고 있는 생각 속에 한 자리를 차지하고 있는 것이다!

그러나 우정은 누구든 상관없이 아무하고나 맺는 관계가 아니다. 그것은 일종의 선택적인 애정이다. 우리가 사랑하는 사람은 그에게서 느끼는 묘한 친근함 덕분에 우리의 내밀한 삶의 골칫거리를 함께 나누는 사람이기에 그토록 우리의 열정을 불러일으키는 것이다. 여느 사람들과는 달리 그가 그저 존재하기만 해도 우리는 우리 안에서 일어나고 있는 것에 곧바로 눈을 돌리게 되기 때문에 그에게 무심할 수가 없다. 아리스토텔레스는 친구는 "또 다른 자기 자신"이라고 말한다. 우리가 "우리 눈의 눈동자처럼" 사랑하는 사람은 그러므로 자신과 맺는 관계가 지는 커다란 감정적인 부담의 혜택을 누리고 있는 것이다. 우리가 그에게서 높이 평가하는 것은 우리에게서 사랑하는 바로 그것이다. 우리가 그에게서 참지 못하는 단점은 자신에게서 혐오하는 바로 그것이다. 사랑받는다는 것이 그의 힘이고 그의 특권이며, 이것으로 그는 우리의 테두리 안으로 들어오는 것이다. 갑자기 벼락이 내리치듯이 나의 테두리를 가르더니 다른 누군가가 들어와 있는 것이다. 바로 이것이 사랑을 그토록 강렬하게 만드는 것이다.

사랑, 탁월성을 나타낼 기회

이런 강렬함은 우리가 느끼는 사랑에서 오는 것이지 우리가 받는 사랑에서 오지 않는다. 안타까운 짝사랑도 아주 강렬할 수 있다. 반대로 사랑받고 있다는 확신은 때로는 어떻게 떨쳐버려야 할지 모르는 부담이 되기도 한다. 그러므로 달콤한 것, 그것은 우리가 주는 사랑이다. 사랑하는 것, 이는 행동하는 것이고 탁월하려는 의지는 행동하려는 의지이니 무엇이 놀랍겠는가?

> "애호의 감정은 만듦[능동]을 닮았지만 사랑받음은 받는 것[수동]을 닮았다. 그런데 사랑하는 일이나 친애하는 태도와 감정은 행위에서 더 우월한 사람들에게 속한다. 게다가 모든 사람

은 힘들여 이룩한 것을 더 사랑하는 법이다. 예를 들어 돈을 직접 번 사람은 물려받은 사람보다 돈을 더 사랑한다. 그런데 선행을 받는 것은 힘든 일이 아닌 것 같은 반면, 선행을 베푸는 것은 노력이 필요한 일인 것 같다."(『윤리학』, IX, 1168 a 20~25)

그렇다고 해서 포부가 큰 사람은 사랑받는 일을 무시하고 사랑하려는 열망만을 마음껏 펼칠 수 있으면 된다고 여긴다는 식의 결론을 내려서는 안 된다. 선택되기를 기대하지 않으면서 어떻게 누군가를 선택할 수 있겠는가? 포부가 큰 사람의 다른 점은 사랑을 받기 위해서 사랑을 주는 사람이 아니라는 것이다. 순전히 상대방이 위로해주고 걱정해주는 데서 오는 만족감을 느끼려는 단 한 가지 목적으로 사람을 사귀는 경우도 적지 않다. "그는 나를 걱정해. 그는 나에게 관심을 쏟아. 그는 다정하고 친절해……." 이런 사랑받으려는 욕구는 자신에 대한 사랑이 결핍되어 있음을 드러낸다. 탁월한 사랑은 다른 방향으로 작동한다. 마음껏 사랑하는 즐거움을 만끽하려면, 내가 사랑할 수 있도록 상대방이 자신을 허락해주어야 한다. 이처럼 받아들여진 사랑은 달성한 목적이 아니라 내가 주는 사랑을 나 자신을 위해서 즐기도록 해주는 조건일 뿐이다.

그리고 이 사랑은 우리가 더 많이 행동하고 상대에게 더 많은 노력을 기울일수록 더 커져간다. 탁월성이 문제가 되는 여느 영역에서와 마찬가지로 사랑은 행위를 대가로 치름으로써만 유지된다. 많은 연인이 사랑은 받는 것이지 주는 것이 아니라는 생각에, 사랑은 지속적인 행동이라기보다는 수동적으로 받는 상태라는 생각에 끝내 사로잡히게 된다. 어느 날 우리는 사랑에 빠지고, 그러고서 얼마간 시간이 지난 뒤 우리는 더 이상 사랑하는 이로 남지 않게 된다. 누구의 잘못일까? 그러나 사랑은 "사랑에 빠져 있다"는 한 마디로 줄여 말할 수 없다. 그러고 있는 것만큼 쉬운 일도 없고, 더 이상 그렇지 않은 것만큼 흔한 일도 없으니 말이다. 오히려 사랑은 '사랑하기'에, 다시 말해 행동에 있다. 그러므로 사랑은 우리가 탁월성을 발휘할 수 있는 무대이기도 한 것이다.

짚고 넘어가기

1 당신이 싫어하는 사람을 떠올려서 곰곰이 생각해보라. 당신이 아무런 관심도 없는 누군가를 싫어하기는 아주 어렵다는 사실을 알겠는가? 미움은 뭔가 모순된 사랑을 많이 닮았다. 싫어하는 것도 일종의 관심이다. 다른 이에게 해를 끼치고 악착같이 뒤쫓는 것, 이것은 상대로 하여금 자신을 생각하지 않을 수 없게 하는 것이기도 하다. 만일 우리를 괴롭히는 사람이 우리에게 몹시 심하게 대한다면, 이는 그가 우리를 무시할 수 없는 사람이라고 생각한다는 것이다.

2 당신은 경쟁자와 어떤 관계를 유지하는가? 그가 당신을 그와 비교하도록 만들어서, 때로 비교가 당신에게 불리할 때에는 당신이 과소평가되기 때문에 그 사람을 도저히 참아줄 수가 없는가? 아니면 반대로 당신은 그에게서 당신이 자신을 뛰어넘을 수 있는 계기를 발견하는가? 당신은 당신의 경쟁자를 어떻게 생각하는가? 당신을 깎아내리는 적으로, 아니면 당신을 성장시키는 사람으로? 피에르 드

쿠베르탱의 올림픽 정신은 경기를 즐기기 위해서 승리가 필요하지 않다는 탁월성의 고대적 이상을 다시 가져온 것이다. 당신이 다른 이들의 탁월성에 자극받아 자신의 능력을 최대로 발휘한다면, 시련을 겪는 것이 뭐가 대수인가! 본질적인 것은 승리에 있지 않다. 당신의 적수가 더 위대할수록 당신이 자신을 뛰어넘을 기회도 더 커진다.

3 다음 주말이나 다음 휴가 때에는 혼자서 산책을 하는 기회를 가져보라. 휴대폰을 끄고 다른 사람과 연락이 닿지 않는 상태로 지내보라. 이렇게 혼자 있는 상태를 끝내고 싶은 간절한 느낌이 들기까지 어느 정도의 시간이 필요할까? 이런 식으로 당신이 어느 정도로 자기 자신을 견디는지 시계를 들고 정확히 측정해볼 수 있을 것이다. 흔히 자기밖에 모른다고 여기는 당신이 자신과 마주한 채로 고작 몇 분을 보내는 것도 얼마나 참기 힘든지를 알게 되면 놀랄 수도 있겠다.

즐거움은 행동 속에 있다

만일 탁월성이 이기적인 것이라면, 이는 탁월성이 다른 사람들의 시선 속에서 결정되는 것이 아니라 무엇보다 우리가 시도한 일이 거둔 성공 속에서, 우리 안의 무언가를 자유로이 펼쳐서 이루어낸 행동의 즐거움에서 결정되는 것이기 때문이다! 행동하기에서 즐거움을 누리는 것으로 충분한데 왜 쾌락을 위해서 행동을 해야 하겠는가?

길 끝의 쾌락

우리가 많은 경우 즐거움을 목적으로 삼고, 행동은 그것에 다다르는 수단으로만 여기고 살아간다는 사실을 이미 살펴보았다. 행동이 그 자체로 반드시 즐거움을 주지는 않는다. 그리하여 우리는 즐거움을 모든 노력에 대한 보상으로, 우리가 기꺼이 바치는 희생의 보답으로 보는 것이다. 이는 운동선수의 눈으로 보면 좋든 싫든 그가 받아들였던 기나긴 훈련 기간을 정당한 것으로 만들어준다. 기운이 없을 때에는 시상대와 영광의 월계관, 갈채하는 관중을 상상하는 것으로 충분하다. 그럼 정말 좋은 일이 아닌가? 그는 굳이 말로 하지는 않지만 자기가 맛보게 될 즐거움을 생각하고, 그러면 당장 기운이 나게 된다.

행복을 추구할 때에도 우리는 모두 이와 똑같은 방식으로 행동한다. 이는 우리의 무절제를 보여주는 것이기도 하다. 우리의 행복이 올림픽 우승이건 사회적 성공이건, 천상의 낙원이건 화목한 가정이건, 건강이건 자유건, 작가의 명성이건 은행가로서 성공한 이력이건 그런 것은 중요하지 않다. 관건은 우리가 즐거움을 목표점에 두고 있다는 것이다. 우리는 땀을 흘려 일하면서 너무도 오래 기다려온 즐거움을 위해 고생을 감수한다. 천국을 위해서 얼마나 많이 무릎을 꿇어야 하는가?

어떤 경우에는 모든 노력이 아무런 소용이 없었다는 것을 슬프게도 인정해야만 한다. 일 년 내내 합격의 희망으로 시험을 준비했지만 헛된 일이었다. 떨어지고 만 것이다! 정말이지 절망적인 상황에서 벗어날 도리가 없다. 남은 것이라고는 실패했다는 사실과 그렇게도 오랫동안 준비한 과정이 엉망진창이 되었다는 자괴감과 시간을 헛되이 날려버렸다는 씁쓸한 회한밖에 없다.

실천의 기쁨

아리스토텔레스는 이런 사고방식을 그가 '포이에시스'라고 부르는 어떤 제작 도식과 동일시한다. 이는 목적이 행동의 바깥에, 그러니까 만들어내야 할 물건 속에, 실현해야 할 계획 속에 들어 있는 그런 행동을 가리킨다. 우리 삶의 사다리에 이를 옮겨놓으면 이 도식은 가차 없다. 이것은 삶의 즐거움이 우리가 다다랐다고 결코 완전히 자신할 수 없는 어떤 것을 얻는 데에 좌우되도록 하기 때문이다. 성공에 취한 약속은 실패의 불안한 그림자 속을 걸어간다. 성공적인 성관계에 모든 의미를 부여하는 희열감의 기대는 머리를 떠나지 않는 실패의 두려움에 감염되어 있다. 승리자에게서 모든 일이 잘 풀리고 있는 동안 더 이상 입에 오르내리지도 않는 패배자들, 절망한 실패자들이 얼마나 많이 있는가?

다행스럽게도 이런 사고방식만이 우리가 채택할 수 있는 유일한 것은 아니다. 제작 모델은 우리 모두에게도 익숙한 또 다른 모델과 경쟁하고 있다. 아리스토텔레스가 '프락시스praxis'라고 부르는 실천이 바로 그것이다. 이 모델에서는 목적이 행동과 별개로 떨어져 있을 필요가 없고, 하물며 행동보다 우위에 있지도 않다. "실천은 사실 제작이 아니고 제작도 실천이 아니니까."* 우리는 출판의 성공 여부와는 별개로 글쓰기 자체를 즐길 수 있다. 메달과는 상관없이 수영을 하는 일 자체에서, 자신의 수영 능력이 점점 향상되는 것을 보는 일에서 즐거움을 누릴 수 있다. 우리는 신이 우리에게 응답해주리라는 희망과는 별개로 기도를, 그 느린 리듬을, 그것이 주는 평온함을 사랑할 수 있다.

그러므로 실천은 우리가 하고 있는 일에서 즐거움을 누리는 태도이다. 실천에는 행위 전체에 외적인 목적으로 부가될 즐거움 같은 것이 없기 때문에 실천은 우리의 타고난 무절제와는 아주 거리가 멀다. 즐거움은 행위 자체에 있고 그 자체로 충분하며, 그것 이외의 다른 목표나 외적인 목적은 없다. 바로 이것이 실천이다. 춤추는 즐거움, 헤엄치는 즐거움, 글 쓰는 즐거움, 기도하는 즐거움, 그러니까 행동하는 즐거움.

> "제작은 그것 자체와는 다른 목적을 갖지만, 실천은 그렇지 않기 때문이다. 실천의 목적은 바로 잘 실천하는 것 자체이니까."
> (『윤리학』, VI, 1140 b 6~7)

* 『윤리학』, VI, 1140 a 5.

행위는 제작을 배제하지 않는다

물론 이는 더 이상 아무것도 만들어내지 않아도 된다는 것을 의미하지 않으며, 더 이상 아무것도 창조하지 않는 일을 하겠다는 결심이 필요하다는 이야기도 아니다. 작가가 되기 위해서는 글쓰기만으로는 충분하지 않다. 글쓰기는 아무나 할 수 있는 일이다. 작가는 작품을, 에세이나 소설, 시, 희곡이라고 불리는 완성품도 만들어내야 한다. 작품 없는 작가는 없다. 작품은 제작을 가능하게 하는 다양한 동작에 통일성을 부여하고 그것들을 함께 모아 하나의 구별된 활동으로 만들어준다.

하지만 그래도 제작된 대상이 행위의 목표인 것은 아니다. 그것은 단지 자신을 펼쳐내는 행위의 계기일 뿐이다. 작가는 그저 글을 쓰고 싶은 욕망을 마음껏 펼치고 싶어서 소설을 출판하는 것이다. 행위가 제작을 명하는 것이지 그 반대가 아니다.

> "제작하는 사람은 그 누구든 어떤 목적을 위해 제작하며, 제작될 수 있는 것은 그 자체가 단적인 목적이 아니니까(그것은 어떤 것을 향한 것이며 또 다른 목적을 위한 것이다). 단적으로 목적인 것은 행위에 의해 성취될 수 있는 것뿐이다."(『윤리학』, VI, 1139 b 2~5)

그저 책을 내겠다는 목적 하나만으로 글을 쓰려는 데에 어떤 의미가 있겠는가? 만일 출판이 목적이고 글을 쓰는 행위는 그저 수단일 뿐이라면, 이는 자기를 위해서 하는 일이 아니다. 창작의 노고도 괴로운 일로 만들 뿐 아니라 효과도 전혀 내지 못하게 하는 딱한 야망이다.

실천의 효력

사실상 행위의 단순한 즐거움을 위해서 행동하는 것은 자신을 펼쳐내는 일일 뿐만 아니라 성공을 보증하는 효과적인 일이기도 하다.

> "이것은 또 각각의 즐거움이 자신이 완성시키는 활동에 긴밀하게 연결되어 있다는 사실로부터도 분명해질 것이다. 활동에 고유한 즐거움은 활동을 증진시키기 때문이다. 즐거움과 함께 활동하는 사람이 주어진 각각의 주제에서 더 잘 분별하고 더 정확하게 판단한다. 예를 들어 기하학에서 기쁨을 느끼는 사람은 기하학자가 되고, 기하학과 관련한 각각의 것들을 더 잘 이해한다."(『윤리학』, X, 1175 a 29~33)

즐거움이 의지를 도와주지 않는다면 운동선수가 의지와 인내의 힘만으로 성공을 거둘 수 있겠는가? 즐거움 없이 노력만 기울여서는 부족하다. 어떤 일에서건 성공을 거두려면 그 일에서 즐거움을 얻어야 한다. 달리 말해 우리가 아무리 진지하게 일을 하더라도 흥미를 느끼지 못하거나 지겨워하면서 하는 일은 잘되지 않는다. 그 일을 좋아하기 위해서 어디선가 성공을 기다려서는 안 된다. 좋아하기 시작해야 한다. 그러고 나서야 비로소 우리가 그 일에서 즐거움을 얻고 있기 때문에 성공이 다가올 기회가 생기는 것이다.

우리가 활동에서 느끼는 즐거움은 집중력을 생기게 하고 주의가 흐트러지는 것을 막아주기에 한층 더 일이 잘 진척되도록 해준다. 자기가 하고 있는 일을 좋아하지 않는 사람들은 실제로 산만한 경향을 보인다. 날아다니는 파리만 봐도 눈이 돌아가고 틈만 있으면 일에서 벗어날 구실을 찾는다. 그러고 나서는 뭔가 도락가 근성 같은 것이 생겨나더니 구상 단계에만 즐거움을 주었던 많은 계획 속으로 스며들어간다. 행동을 시작하자마자 지겨움이 우리를 사로잡는다. 우리가 사실 아주 좋아했던 계획인데도 계획을 실현하기 위해 실행하려는 행동이 길어지자마자 갑자기 그 매력이 사라져버린다. 음악가가 되거나 6개 국어를 유창하게 말할 수 있다면 누구나 좋아할 것이다. 이는 잘 이해할 수 있는 일이다. 하지만 연습은 금세 지겨워지고 매일 훈련하기도 지친다. 얼마간 시간이 지나면 맘먹고 산 기타는 한구석에 처박혀 있고 교본은 책장 깊숙이 어딘가로 사라져버린다. 기다렸던 즐거움이지만 너무 오래 기다렸던 것이다.

만일 엉터리로 기타를 치거나 외국어를 더듬거리는 일에서 처음부터 즐거움을 느낀다면, 결과는 분명히 달라졌을 것이다. 언어를 가장 잘 배우는 사람은 몇 마디 말을 배우자마자 우스꽝스럽게 보이는 것을 겁내지 않고 배운 것을 써보는 일에서 즐거움을 느끼는 사람이기도 하다. 그는 즐겁게 들이대고, 구문이나 문법을 완벽하게 구사하는 단계를 기다리지 않고 대화를 시도한다. 그는 서툰 아마추어 음악가가 소품곡 연주를 기대하며 오랫동안 시끄러운 소음을 만들면서 좋아라 하듯이 그렇게 즐거워한다. 그는 자신이 하고 있는 일에서 이미 즐거움을 누리고 있기 때문에 다른 것으로 넘어갈 필요를 느끼지 않는다. 주의가 흐트러질 일이 없으니 실력도 빠르게 향상된다.

아리스토텔레스가 권하는 이런 새로운 태도 덕분에 우리는 무절제 때문에 빠져들었던 역설적인 금욕에서 빠져나올 수 있게 된다. 그러나 또한 그 이상이기도 하다. 이런 태도 덕분에 우리는 본질적으로 아주 다른 어떤 쾌락을, 더 순수한, 말하자면 고통이 섞여 있지 않은 어떤 쾌락을 맛볼 수 있다.

더 순수한 쾌락을 향해

무절제와 연결된 쾌락이 무절제 속에 언제나 들어 있는 어떤 결핍 상황에 대한 대응이었다면, 행위의 쾌락은 어떤 충만의 표시라고 하겠다.

> "가령 관조 같은 활동처럼 고통과 욕망을 수반하지 않는 즐거움이 있으며, 그런 활동의 경우 본성*은 어떤 결핍도 경험하지 않기 때문이다. 징표는 다음과 같다. 본성이 회복될 때 기쁨을 느끼는 즐거움의 대상과 본성이 충족된 후에 기쁨을 느끼는 즐거움의 대상은 동일하지 않다. 본성이 충족된 후에는 단적으로 즐거운 것에서 기쁨을 느끼지만 본성이 회복되고 있는 중에는 그것과 반대되는 것에서까지도 기쁨을 느낀다."(『윤리학』, VII, 1153 a 1~4)

여기서 아리스토텔레스가 하는 말은 긴 설명 없이도 이해할 수 있다. 굶주린 사람은 음식을 가리지 않는다. 그는 배고픔을 채우는 것만을 추구하기에 빵 덩어리 하나도 그에게는 진수성찬이 된다. 마찬가지로 우리가 세운 삶의 계획에서도 우리는 자

* 여기서는 사람의 몸을 가리킨다.

신에게 결핍된 것을 만족시켜주는 것의 질이 어떤지는 크게 가리지 않는다. 그리하여 인정을 받고자 하는 강박적인 욕구로 일을 하는 공인公人은 명성을 얻을 수만 있으면 됐지 그 명성이 어디서 오는지 잘 알아볼 생각을 하지 않을 것이다. 이 사람의 눈에는 텔레비전에 나와 한심한 미사여구를 연발하며 허세를 부리는 즐거움이 교양 있고 성숙한 대중을 만나는 더 까다로운 즐거움과 동등한 것으로 보인다. 더 나쁘게는 만일 재주가 모자라 더 어려운 형태의 인정을 바랄 수 없게 된다면, 그는 주목을 얻기 위해 기꺼이 사악한 명성으로 자신을 만족시키려고 할 것이다. 참을 수 없는 무명의 그늘 속에 머물러 있느니 차라리 강경한 사람으로 통해서 모든 사람이 싫어하는 사람이 되는 것이 그에게는 더 나은 일인 것이다.

결핍을 겪지 않는 사람은 자신이 좋아하는 것에서 좀더 까다롭게 구는 호사를 누릴 수 있다. 그러니까 결핍이 없는 곳에는 양질의 즐거움을 누릴 수 있는 자리가 있는 것이다.

다른 한편으로 잘 살펴 생각해볼 것은 무절제와 연결된 즐거움과 행위의 즐거움은 우리가 생각하기보다는 서로 그렇게 무관하지 않다는 사실이다. 전자는 후자가 완성되지 못한 형태일 뿐이다. 굶주린 사람이 먹는 일에서 즐거움을 얻는다면, 이는 음식 섭취가 실제로 그 사람에게 행동할 수 있는 상태를 회복시켜주기 때문이다. 이제 더 이상 영양 부족으로 유기체의 활동이 방해를 받지 않고 마찰이 없이 원활하게 작동된다. 바로 이것이 결핍을 없애는 일을 즐거운 것으로 만들어주는 것이다. 이는 또한 비만한 사람이 거북함을 느끼는 이유이기도 하다. 과중한 몸무게 때문에 행동 능력이 제한되고, 조금만 움직여도 신경이 쓰이고 숨이 가빠온다. 반대로 운동을 하면 언제나 몸이 아주 가벼워진 것을 느낀다. 몸이 자유롭게 느껴지고 내 뜻대로 잘 움직여서 행동을 할 준비가 된 느낌이 든다.

그러므로 결핍에 연결된 욕망은 '우연한' 즐거움일 뿐이라고 아리스토텔레스는 말한다. 이런 결핍을 없애는 것은 그 자체로 즐거운 것이 아니라 유기체의 새로운 활동을 도와주기 때문에 즐거운 것일 뿐이다. 진정한 즐거움은 바로 이런 활동 속에 있다. 따라서 사실상 쾌락에는 단 하나의 형태밖에 없다. 행위에 동반되는 쾌락! 다른 형태의 쾌락은 부수적이고 불완전할 뿐이다.

"그리고 좋음에는 활동도 있고 품성상태도 있으므로, 본성적 품성상태로 회복시키는 운동과 생성은 우연히 즐거울 뿐이다."
(『윤리학』, VII, 1152 b 33~35)

삶은 하나의 활동이다

참된 즐거움이 행위 속에 있다면, 우리가 그 즐거움을 겪을 수 있는 기회에는 결코 모자람이 없을 것이다. 실제로 삶 전체가 그 자체로 하나의 활동으로 여겨질 수도 있다.

> "우리는 삶과 행위를 통해서 존재하기에 활동을 통해서 존재하는 것이다."(『윤리학』, IX, 1168 a 6)

심지어 우리가 전혀 아무것도 하지 않고 가만히 있을 때에도 그렇다. 우리를 살아 있게 하는 다양한 기관이 계속 움직이고 있다. 그러므로 이렇게 유지되는 삶의 순간순간은 그 자체로 가치 있는 활동인 것이다. 그저 숨을 쉬지 않을 수 없어서 그런 것이라고 해도 여전히 숨을 쉰다는 즐거움이 있는 것이다!

그러나 생명 활동만이 우리 속에서 움직이고 있는 삶은 아니다. 우리가 존재하는 모든 시간 동안 그 삶을 통해서 행동하고 있는 것은 바로 우리 자신이다. 그것이 무엇이건 우리가 결정을 내리자마자 행위의 자리가 생겨난다. 아침에 빵집에 빵을 사러 가겠다는 결정이나 결혼을 하겠다는 결정, 세차를 하거나 텔레비전을 끄겠다는 결정, 이 모든 것 또한 행위다. 그 속에서 우리의 탁월성을 나타낼 수 있는 행위인 것이다. 행위라고 해서 뭔가 위대하고 놀라운 것을 상상할 필요는 전혀 없다.

오히려 우리 일상이 수많은 행동의 기회를 제공한다고 말할 수 있겠다. 하지만 행동하는 것은 단순한 결정 이상의 것을 필요로 한다. 우리는 활동 덕분에 얻을 수 있는 다른 뭔가를 위해서가 아니라 그 자체를 위해서 활동을 하기로 결정할 줄도 알아야 한다. 우리가 해내는 일을 행동하는 즐거움을 누릴 수 있도록 제공된 기회로 여기자. 간단히 말해 우리는 외적인 목표의 신임장을 기다리지 말고 우리가 시도하는 행동 하나하나에 고유한 가치를 부여해야 한다.

> "즉 그는 우선 알면서, 또 다음으로 합리적인 선택에 의거해서 행위하되 그 행위 자체 때문에 선택해야 한다."(『윤리학』, II, 1105 a 31~32)

짚고 넘어가기

1 당신은 좀 이상한 취미에 빠져 있는 사람을 알고 있는가? 뚜껑을 모으는 사람, 새 우표를 찾는 일에 빠져드는 사람, 곧바로 분해할 퍼즐을 몇 시간 동안이나 맞추고 앉아 있는 사람 등등. 이런 일이 놀라운가, 아니면 당신도 이런 종류의 활동에 몰두하는 쪽인가? 이들이 추구하는 목표는 대단하지 않아 보이고, 적어도 그런 노력을 쏟을 만큼은 아닌 것 같다. 그래, 그렇다. 그러나 목표는 구실에 지나지 않는다. 즐거움은 활동 속에 있으니…….

2 당신은 자신의 일에 대해 불평한 적이 있는가? 그 일 말고도 당신이 좋아할 다른 많은 일이 있다! 당신에게 맞지 않기 때문에 일자리에 만족하지 못하는가? 정말 그럴 수도 있다. 그러나 다른 일을 해도 여전히 그럴지 모른다. 당신이 자신의 활동을 제작으로밖에는 이해하지 못해 그 일에서 어떤 즐거움도 자연스럽게 얻지 못하는 것일지도 모른다. 그런 경우에는 시골에 내려가 농사를 짓는 일도 큰 도

움이 안 될 것이다. 그 일에도 똑같은 틀을 들여올 테고, 그렇게 되면 농사일도 역시 힘들고 지겨워질 것이니 말이다. 아마도 언제나 만족하지 못한 채 이 일에서 저 일로 달려가느라 시간을 보낼 것이고, 그렇다면 문제는 당신에게 있는 것이다.

3 일주일에 한 번 나는 억지로 집 안 청소를 한다. 청소기를 족쇄처럼 잡아끌면서 발을 질질 끌기 시작한다. 닦고 치우고 정리하면서 먹고사는 일의 노예가, 끔찍한 집안일의 제물이 된다. 처음에는 끝내고 싶어 안달했는데 하다 보니 조금씩 정말로 일을 하고 있다. 착실히 일의 체계가 들어서서 나도 모르게 거실 탁자 위의 작은 먼지 하나, 얼룩한 점까지 찾아내고 흐트러진 작은 물건 하나에도 신경을 쓴다. 나에게 양해도 구하지 않고 내 침대 아래에 세를 든 속 편한 거미도 얼른 집을 비워줘야 한다. 내 속의 아마추어 살림꾼이 갑자기 행주광으로 변했다. 내가 이상한 건

가, 아니면 당신도 가끔 같은 경험을 하는가? 열중해서 하는 일은 마침내 즐거움을 주는 활동이 된다.

좋은 성향의 중요성

탁월성을 발휘하는 것은 쉬운 일이 아니다. 자기 자신을 최대로 발휘하려면 각 상황에서 나를 활짝 피워내기에 더 적합한 일이 무엇인지를 알아볼 수 있는 능력도 필요하다. 이런 능력은 자신에게 맞는 일과 활동을 알아볼 수 있는 감성이 있어야 가질 수 있다. 불행히도 우리의 감정적인 성향은 말을 잘 듣지 않고 내키는 대로 한다. 우리에게 해로운 것들을 유달리 좋아하도록 꼬드기는 데 그치지 않고 끈질기게 우리를 그것들 속에 오래도록 붙들어둔다.

자신을 활짝 피워내는 데 도움이 되는 외부 조건

우리 능력을 실제로 발휘하는 일은 수많은 조건을 요구하는 절차다. 허파는 산소가 없는 환경에서는 제 기능을 다할 수 없고, 눈은 빛이 없이는 아무것도 볼 수 없다. 마찬가지로 부모님의 불안한 감시에 계속 짓눌려온 아이도 그렇지만, 부모가 지켜봐 주지 않은 아이도 제 실력을 발휘하는 데 필요한 조건을 누리지 못하는 것이다. 그러니까 도움이 되는 알맞은 조건이 있지 않고서는 (잠재력이라는 의미의) 능력에서 활동으로 부드럽게 넘어갈 수가 없는 것이다.

> "'외부의 방해 요인이 아무것도 없다면'이라는 규정을 덧붙이는 것은 더 이상 필요하지 않다. 왜냐하면 행위자가 행동 능력을 갖는 것은 행동을 행할 수 있는 능력의 존재 방식에 상응하는데, 이 능력은 모든 조건이 아니라 일정한 조건에서 존재하며 외부의 방해 요인은 그 조건에서 배제되기 때문이다."(『형이상학』*, IX, 5, 1048 a 16~21)

그래서 장애물이 제거되지 않는 한 잠재적인 것이 실현될 수 있는 기회를 갖지 못할 것이다. 적절한 조건을 이용해야만 한다는 사실은 왜 행복이 전적으로 우리 자신에게 달린 것은 아닌지

* 『형이상학』, 조대호 옮김, 나남, 2012.

를 설명해준다. 우리는 우리가 마음대로 좌지우지할 수 없는 가족과 사회적 맥락 속에서 살아간다. 해로운 환경 속에서 자신을 활짝 피워낼 길을 찾을 수 있다고 믿는 것은 순진한 생각일 것이다. 내전의 상황에서 살아남기 위해, 생계를 유지하기 위해 힘겹게 싸우는 제3세계의 주민은 행복을 바라는 일이 어려울 수 있다. 그 반대라고 주장하는 것은 정말 양식 없는 일이다.

"그리고 바로 이런 까닭에 모든 사람은 행복한 삶이 즐거운 삶이라고 생각하며, 행복 안에 즐거움을 집어넣는 것이다. 이것은 일리가 있는 일이다. 어떤 활동도 방해를 받아서는 완전해지지 않는데, 행복은 완전한 것 중 하나이기 때문이다. 이런 이유로 행복한 사람은 육체 안에 있는 좋은 것들과 외적인 좋은 것들, 그리고 행운을 추가적으로 필요로 하는데, 바로 이런 점에서 방해받지 않기 위해서다. 그런데 형틀에 매달려 죽어가는 사람, 큰 불행에 빠진 사람일지라도 그가 좋은 사람이기만 하면 행복하다고 말하는 사람들이 있다. 자발적으로 그런 말을 한 것이든 어쩌다가 그렇게 말을 했을 뿐이든 그들은 무의미한 것을 이야기하는 것이다."(『윤리학』, VII, 1153 b 14~21)

행복해지기 위해서는 스스로 자신을 대하는 방식을 바꾸는 것만으로는 부족하다. 많은 경우 때로는 우리를 둘러싼 세상이 바뀌기도 해야 한다. 그래서 행복이 개인의 문제이기는 하지만 매우 정치적인 문제이기도 한 것이다.

노동의 편재, 커다란 장애물

하지만 이 정치적인 문제를 모든 이의 안전과 번영을 보장할 수 있는 실질적인 조건의 추구로 한정하고자 하는 것은 이 문제를 몹시 축소하는 일이 될 것이다. 번영은 중요하지만 그것만으로는 전혀 충분하지 않다. 우리 사회는 안락함의 이상을 쫓아가고 있기 때문에 행복할 수 있는 능력을 무겁게 짓누르고 있는 생산의 모델에 종속되어 있다. 많은 점에서 서양인들은 행위에 바치는 삶이 어떤 것인지 훨씬 더 이해하지 못하고 있다. 그들을 둘러싸고 있는 환경이 행위보다는 생산을 하도록 체계적으로 조장하고 있기 때문이다.

실제로 우리는 임금을 보장하는 일에 노동을 제공하며 하루의 대부분을 바친다. 직업을 바꾸려는 직장인이나 진로를 고민하는 학생 외에는 이런 물음을 던지는 사람이 거의 없다. "어떤 활동이 나에게 가장 잘 맞을까?" 이 물음이 불러일으키는 대답은 하나같이 직업 선택 쪽으로, 그리고 오직 그쪽으로만 향한다. 그래서 우리가 무엇을 위해서 태어났는지를 아는 것은 어떤 노동을 해야 하는지를 묻는 것이 된다. 우리의 사회 모델이 노동의 세계에 완전히 귀속되어 있다는 사실에서 나오는 힘 빠지는 전망이다. 그리하여 우리는 저마다 행동의 즐거움만을 위해서 행동하는 한가로운 삶을 생각할 줄 모른다.

게다가 이제는 '한가로움'이라는 낱말 자체가 쉬는 시간을, 그러니까 노동에서 벗어나 쌓인 피로를 풀기 위해서 꼭 필요한 휴식을 겨우 누리는 그런 시간만을 의미하는 지경이 되었다. 이렇게 이해된 한가로움은 노동의 이면일 뿐이다. 오늘날 발달된 산업 전체가 이 휴식 시간에 바쳐져 있고, 우리는 그 속에서 기분전환을 원한다. 관객의 스트레스를 풀어주는 것만이 목적인 영화, 유년 시절로 되돌아간 것마냥 신나게 빠져드는 짜릿한 게임, 모래가 깔린 바닷가의 애수에 잠긴 낙원을 제공하는 여행사, 피곤한 하루 일을 마치고 밤새 춤추며 노는 클럽…….

> "노동하는 자는 휴식이 필요하고, 놀이는 휴식에 도움이 되기 때문이다. 노동에는 노력과 긴장이 수반되니 말이다."(『정치학』*, VIII, 3, 1337 b 38)

* 『정치학』, 천병희 옮김, 숲, 2009.

하지만 이런 모든 흥분되는 일로도 우리는 노동이 편재하는 세계에서 거의 벗어날 수가 없다. 만일 우리가 아무것도 하고 싶지 않고 정신이 멍해지는 일이나 잔뜩 하면서 쉬고 싶은 욕구를 느낀다면, 이는 노동이 피로하게 하는 활동이기 때문이다. 그런데 우리를 피로하게 하는 것은 노동이 노력을 요구하기 때문은 아니다. 고생스러운 활동이면서도 아주 즐거운 일이 될 수 있다. 그러나 별로 노력이 들지 않는 일이라 해도 그저 대상을 생산하는 역할만을 하는 일이 되자마자 그 일은 곧바로 즐겁지 않은 일이 되고 만다. 선생님에게 제출해야 하는 것으로 시작하기도 전에 지치게 만드는 과제물, 상사에게 제출해야 하는 결산보고서, 더 빨리 속도를 내야 하는 작업, 내내 지켜봐야 하는 시세표…….

물론 노동을 하는 사람도 하고 있는 일에서 즐거움을 얻을 수 있다. 그런 경우라면 얼마나 잘된 것인가! 자기의 일을 좋아하고 희열을 느끼며 그 일에 빠져 있는 것을 막을 필요는 없다. 격려라도 해줄 일이다. 그러나 그때도 그의 행동하는 즐거움은 생산에 봉사하는 도구로 머물러 있다. 생산된 대상이, 그리고 그것만이 중요한 것이다. 임금 노동자로 자신을 활짝 피워내는 일은 생산에는 적격일 수 있겠지만, 그래도 자신의 행위가 생산에 봉사하는 수단으로서만 여겨진다는 데에는 변함이 없다. 우리의 정신세계를 지배하는 바로 이 규범, 이 규범에서 자유로워질 수 있어야 할 것이다. 그러나 분명 노동 시간을 줄이고 휴식 시간을 늘린다고 해서 거기에서 빠져나올 수 있는 것은 아니다.

> "따라서 우리는 놀이*를 허용하되 제때에 이용해야 하며, 마치 약을 처방하듯 해야 한다. 놀이가 우리 마음에 주는 효과는 이완이고, 놀이가 주는 즐거움은 휴식을 가져다주니 말이다. 그러나 여가는 즐거움과 행복과 복된 삶을 자체에 내포하고 있는 것으로 생각된다. 이것은 노동하는 자가 아니라 여가를 즐기는 자에게 주어진다. 노동하는 자는 아직 달성되지 않은 목표를 향해 노동하는데, 행복은 하나의 목표이며 행복에는 고통이 아닌 즐거움이 수반되는 것으로 모두 믿기 때문이다."(『정치학』, VIII, 3, 1337 b 40~1338 a 6)

돈, 양날의 도구

그래서 행복은 정치적인 문제다. 그리스 철학자들이 그렇게 생각했듯이 교육과 관련된 여러 가지 문제도 바로 이 영역에 속한다는 것을 고려해본다면 더욱더 그러하다. 자신의 바깥에서 자

* 이 인용문에서 '놀이'는 오늘날 '여가'에 해당된다. 반면 '여가'는 행위의 이상이라는 철학적 의미를 갖고 있다.

신을 활짝 피워내기에 알맞은 조건을 발견하는 것으로는 충분하지 않기 때문이다. 우리 자신을 가장 잘 발휘할 수 있게 해줄 일들을 욕망하는 법도 배워야 하는 것이다.

예를 들어 돈이 우리에게 가장 유익한 것을 얻는 수단이 되는 한에서는 부를 이용하는 것이 적잖이 유리하다. 실제로 돈의 힘은 어떤 사용 가치도 담지 않은 상징적인 대상이라는 데에서 온다. 금은 먹을 수도 없고 입을 수도 없다. 살아가는 데 쓸모가 있는 물건이 아닌 것이다. 만지는 것마다 금으로 변해버리는 벌을 받은 미다스 왕은 크나큰 희생을 치르고 그 사실을 배웠다. 그런데 이는 돈 자체가 잠재적으로 무엇이든 될 수 있는 것이기 때문이기도 하다. 탁월한 교환 수단으로서 돈은 사물을 같은 단위로 잴 수 있는 것으로 만들고, 그럼으로써 모든 것의 잠재적인 등가물이 된다.

우리는 돈의 힘이 점점 커져가는 것에 때로 분노하기도 한다. 어떤 것들은 돈으로 사고팔지 말아야 한다고 말한다. 그러지 말아야 하겠지만, 그래도 사고파는 것이 가능하기는 하다. 돈은 아무것도 아니기에 모든 것이 될 수 있는 이상한 힘을 갖고 있는 것이다.

그래서 돈은 우리가 욕망하는 것을 얻을 수 있는 최고의 수단이다. 동시에 돈은 우리가 얻을 수 있는 모든 것을 욕망하는 최고의 수단이기도 하다. 커다란 부를 누리는 것은 실제로 우리 욕망에 찬란한 앞길을 열어준다. 소유할 수 있는 모든 것이 다 욕망할 수 있는 것이 된다. 무엇이 필요한지를 욕망이 알아내지 못할 때 부는 무엇이든 욕망하도록 부추긴다. 사물은 종종 이렇게 해서 생산되기도 한다. 우리는 우리가 바라는 사려 깊은 계획을 완수하기 위해서 부자가 되기를 원한다고 믿는다. 그러고 나자 부는 그때까지 존재하기는 했지만 수단이 없어서 숨기고 있어야 했던 욕망에 갑자기 길을 열어준다. 단번에 우리는 더 이상 자신이 만족스러워할 수 있는 일을 추구하지 않고, 오히려 자신이 소유할 수 있는 모든 것에 만족스러워한다. 우리의 욕망은 무엇이 필요한지도 모른 채, 선택할 것이 너무 많아 곤란할 지경에 이르기까지 부 속으로 뛰어든다. 욕망이 그것에 유리한 것이 아니라 접근하기 쉬운 것에 고착된다. 요컨대 부는 가난과 같다. 다만 자진해서 그렇게 할 뿐.

“속담에서 말하듯 포만은 오만을 낳고, 무지가 힘과 함께 광우狂愚를 낳는다. 영혼의 성향이 나쁜 사람에게는 부도 강함도 아름다움도 좋은 것이 아니기 때문이다. 그러나 이런 조건이 넘칠수록 그것들을 소유하고 있지만 실천적 지혜가 없는 사람에게는 더 크게 더 자주 해를 준다. ‘아이에게 칼을 주지 말라’

는 것은 나쁜 사람에게 권력을 쥐어주지 말라는 것이다."(『권고』, B 4.1~7)

맹목적인 감정적 성향

따라서 자신에게 좋은 것이 무엇인지, 자신을 활짝 피워내는 일에 도움이 되는 것이 무엇인지 분별할 줄 아는 것이 결정적으로 중요하다. 삶을 함께할 사람을 선택하는 것은 사소한 일이 아니다! 가장 좋은 것이 아니라 가장 나쁜 것을 가져오는 사랑도 있다. 사랑의 신봉자들에게는 실례가 되는 말이지만, 사랑은 언제나 아름다운 것은 아니다. 로드리그와 시멘의 사랑은 두 사람 모두 젊기 때문에, 아름답기 때문에, 감정이 그들을 용기와 희생의 경쟁으로 이끌어가기 때문에 멋진 것이다.

그러나 그런 사랑에 비해 길을 잃고 불행을 가져오는 애정의 노예가 되어버렸다고 느끼게 되는 사랑도 얼마나 많은가? 우리를 못난 사람으로 만드는 관계, 그래도 즐거움을 주기에 우리가 벗어나지 못하는 관계가 얼마나 많은가? 그런 커플은 물에 빠져 절망적으로 서로에게 매달리는 사람들을 닮았다. 개 같은 사랑도, 비뚤어진 우정이 그렇듯이 고통을 주는 해로운 사랑도 존재한다.

이처럼 감정적 성향은 우리 눈을 멀게 하는 데 큰 영향을 미친다. 그것들은 우리가 자신의 본성을 실현하도록 해주는 것에 완전히 관심을 두지 않고 지내는 사이에 우리에게 피해를 주는 사물이나 존재에서 즐거움을 얻도록 이끈다.

이런 특성은 우리가 교육에서 물려받은 유산이다. 우리는 얼마나 많은 나쁜 성향을 어린 시절로부터 물려받았는가! 우리를 불건전한 성벽에 빠져들게 하는 비틀어진 심리, 꾹 참아야 하는 고통, 죄의식, 굴욕감, 끔찍한 무관심은 결국 우리를 아무것도 아닌 일에 아주 민감한 사람으로 만들어버린다. 아버지에게 맞은 아이는 결국 폭력을 쓰는 것이 당연하다고 여기게 된다. 그를 그토록 아프게 했던 몽둥이는 이제 그가 휘두르고 싶어 하는 주먹이 된다. 가족의 굴레는 너무도 무겁다. 그로써 어린아이는 뜻하지 않게 부모의 나쁜 버릇을 이어받는 계주 주자가 되는 것이다.

"마치 자기 아버지를 때린 것에 대해 이렇게 변명하는 사람, 즉 '이 사람도 자기 아버지를 때렸고, 그렇게 맞은 사람도 그의 아버지를 때렸으니까요'라고 말하며 자신의 자식을 가리키면서 '얘도 어른이 되면 나를 때릴 겁니다. 우리 집안 내력이니까요'라고 변명하는 사람의 경우가 보여주는 것처럼 말이다. 그리고 아들에 의해 끌려 나가다 문간에서 자신도 자기 아버지를 거기까지만 끌고 갔으니 거기에서 멈추라고 명하는 사람의 경우처럼."(『윤리학』, VII, 1149 b 8~13)

자신의 모든 나쁜 감정적 성향에서 벗어나는 것은 장시간의 노력을 요하는 일이다. 아주 깊이 박혀 있던 것을 뽑아내는 데에는 시간이 필요하다. 우리 감정은 지독히 끈질긴 종양과 같아서 말의 힘만으로는 뿌리 뽑을 수 없다. 그런 방식으로 나쁜 성향을 알아낼 수는 있어도 그것에서 벗어나는 것은 훨씬 더 어려운 일이다. 우리 욕구는 비이성적인 것이기 때문이다. 이는 마치 우리 안에 어떤 짐승이 있어서 사람인 우리 자신과 언제나 대결하고 있다는 듯, 감정에 관련된 삶이 이성에 체계적으로 대립한다는 말은 아니다. 여기서 비이성적이라는 것은 감정에 관한 성향에는 이성이 없다는 것을, 다시 말해 지적인 성향을 지배하는 체계와는 뚜렷이 다른 체계에 의해서 지배된다는 사실을 의미할 뿐이다. 우리의 욕구는 언제나 우리의 이성에 맞서서 가는 것이 아니라 이성의 옆에서 자기 나름의 삶을 살고 있는 것이다.

따라서 우리는 계속 욕구에 몰두해 있는 채로 합리적인 욕망을 쉽게 줄일 수 있다. 우리는 자제력 없는 태도를 보일 때마다 그것을 경험하고 있는 것이다.

"우리는 자제력 있는 사람과 자제력 없는 사람의 이성과 그들의 영혼의 이성을 가진 부분을 칭찬한다. 이것이 그들을 최선의 것으로 나아가도록 격려하기 때문이다. 그러나 그들 속에는 이성과는 별개인 어떤 다른 것도 본성적으로 있는 것처럼 보이는데, 이것이 이성과 싸우고 이성에 맞서고 있다. 마비된 신체의 여러 부분을 오른쪽으로 움직이려고 해도 실제로는 그 반대인 왼쪽으로 움직이는 것과 꼭 마찬가지의 일이 영혼의 경우에도 일어난다. 자제력 없는 사람의 충동은 반대 방향으로 나아가니까. 그러나 신체의 경우에는 우리가 엇나가는 것을 눈으로 보지만, 영혼의 경우에는 직접 보지 못한다. 그렇다고 하더라도 아마 영혼에도 신체 못지않게 이성과는 별개의 무엇이 있어서 이것이 이성에 대립하고 반대 방향으로 나아간다고 생각해야 할 것이다."(『윤리학』, I, 1102 b 15~25)

이런 식으로 해서 (너무 기름지거나 너무 달거나 너무 짜거나 하는 등) 자신에게 맞지 않은 음식물의 종류를 알면서도 그것들이 주는 유혹에 저항할 수 없는 경우가 있는 것이다. 입맛이 너무 오랫동안 강하고 인공적인 맛에 길들여져 다른 음식이 다 맛이 없다고 느낀다. 일반적인 차원에서 보았을 때 그의 욕망은 좋고 훌륭하다. 그는 어떤 종류의 음식이 자신에게 안 맞는지를 알고 있다. 그러나 음식이 그의 눈앞에 놓이자마자 충동이 그를 이긴다. 그는 그것을 먹지 않을 수 없게 된다.

그러므로 우리가 다시 해야 할 것은 어떤 교육이다! 우리에게 이로운 것에는 즐거움을 느낄 수 있도록 가르쳐주고, 우리에게 해로운 것에는 거부감을 느끼도록 가르쳐주는 감정 교육 말이다. 멋진 기획이다! 하지만 어떻게 할 수 있을까?

짚고 넘어가기

1 당신을 도와주려는 친구나 부모님에 대해 좀 심하게 대했다는 느낌이 든 적이 있는가? 당신이 원하는 것을 미리 앞서 세심하게 도와준 것에 대해 짜증을 부리고 나서 나중에 후회한 적이 있는가? 너무 자책하지 마라! 우리가 걸어갈 길을 평탄하게 만들어주려 하는 사람들은 그와 동시에 우리에게서 걸어가는 즐거움을 빼앗아간다. 남을 잘 도와주는 사람들은 보답을 잘 받지 못하는데, 이는 그들의 잘못이기도 하다. 다른 사람의 자리를 대신해서 행동하라고 부탁하지는 않았단 말이다! 당신은 자신의 진가를 발휘하기를 바라는 것이다. 번지수를 잘못 찾은 지나친 배려로 방해하지 않기를 바라는 것이다.

2 당신은 주위 사람 중에서 당신이 자신을 활짝 피워내는 데 가장 도움이 될 사람을 분간할 수 있을까? 누가 당신이 자신을 최고로 발휘할 수 있도록, 당신이 더 높이 올라갈 수 있도록 힘을 주는가? 반대로 누가 당신이 아무것도 할

수 없고, 그가 없으면 무방비 상태가 되는 보잘것없는 사람이라는 느낌을 주는가? 좋지 않은 교우 관계를 비난하는 것일까? 스스로 판단하라!

3 텔레비전에 나오는 모든 광고를 큰마음 먹고 한 번 보라. 당신은 어떤 광고에 가장 민감하게 반응하는가? 상품의 뛰어난 효용성을 (빨래를 새하얗게 세탁한다든지, 수염을 깨끗이 깎아준다든지, 아주 안전하게 달린다든지 하는 특성을) 높이 평가하는 광고에 눈이 가는가, 그 물건을 소유한 사람이 지니게 되는 어떤 탁월함의 본보기를 강조하는 광고에 눈이 가는가? 광고 제작자는 일종의 아리스토텔레스주의자이다. 그들은 우리 모두가 추구하는 탁월함에 유리한 조건을 제공하지 않는 물건에는 사람들이 매력을 느끼지 않는다는 사실을 이해하고 있는 것이다.

III

적용하기

탁월한 사람처럼 행동하라

당대의 많은 철학자와 마찬가지로 아리스토텔레스는 '어떻게'에 큰 관심을 보였다. 우리의 착각을 진단하는 것이 첫걸음이고, 그것을 새로운 처신으로 바꾸는 것이 둘째 걸음이다. 그러나 대처법을 설명하는 것이 치료의 본질적인 면인데도 오늘날에는 너무도 많은 철학자가 이 일을 독자에게만 맡겨둔다.

이 점에 관해서는 고대 철학이 많은 가르침을 주고 있다. 고대 철학은 매우 실천적인데, 이중적인 의미에서 그러하다. 한편으로는 우리의 일상생활과 관련된 실천적인 문제에 대해 물음을 던진다. 다른 한편으로는 전수받은 앎이 우리 본성 속에 녹아들 수 있도록 해줄 실제적인 해결책을 제시한다.

그렇다면 탁월함에 대한 열망을 만족시키려면 무엇을 해야 할까? 우리 행동이 때때로 아주 시시하게 보인다면, 이는 우리가 그 일에 우리 자신을 한껏 쏟아붓기가 어렵기 때문이다. 우리는 진정으로 행동하고 있지 않은 것이거나, 아니면 주로 실제 당사자로서가 아니라 단순 중개자로서 슬슬 행동하고 있는 것이다. 그리고 우리는 자신을 그 속에서 찾지 못하는 행동의 삶과 발휘되지 못한 잠재력이 가득한 내적인 삶으로 갈라져 있는 어떤 두 겹의 삶을 살면서 세월을 보내고 있다.

그런데 자신에게 비범한 정신이 있음을 느끼고 번뜩이는 아이디어와 독창적인 구상으로 가득한 머리를 갖고 있다고 해도 모든 것이 정신 속에서 섞여 있는 생각의 단초에 머물러 있는 한 당신은 천재가 되지 못한다. 이런 즐거운 혼란을 유기적으로 조직하려는 노력을 해야 하고, 아이디어를 조합해 형태를 부여해야 하며, 사고의 능력만을 즐기지 말고 그것을 실제로 사고해야 한다.

인정하자. 행위는 어떤 위험, 우리 자신에 대한 기대가 착각이었음을 발견하게 될 위험, 우리가 우리 자신의 열망에 미치지 못한다는 것을 알게 될 위험을 의미한다. 하지만 이것이 정말 위험인가? 그래 좋다. 우리가 하는 행위는 우리가 지닌 열망의 묘비이다. 그러나 행위는 놀라운 계시자이기도 하다! 실패에는 많은 가르침이 들어 있다. 우리는 시련을 겪으면서 다른 어떤 방법보다도 훨씬 더 효과적으로 자신에 대해 알게 된다. 우리가 행위 속에서 자신을 발견하게 되는 것은 행위를 하면서 자신을 노출할 위험을 무릅쓰기 때문이다. 행위의 패는 언제나 승리한다. 서슴없이 감행한다면.

행동하는 수고를 감행하기 위해 무엇을 할지 알 때까지 기다리는 것은 피아노 연주를 시작하기 위해서 피아니스트가 되기를 기다리는 격이다. 그러나 우리의 성향을 만드는 것은 우리가 하는 행동이다. 그러므로 더 분명히 알기 위해서 이 성향을 수정하는 일은 먼저 행동하기를 요구한다. 자신의 탁월성을 발견하기를 원한다면 행동으로 시작해야 하지 탁월성을 지닐 때까지 기다렸다가 조금 행동해보겠다는 식이어서는 안 된다.

구체적으로 말해 이는 행동의 기회는 모두 붙잡을 만한 가치가 있다는 뜻이다. 우리가 일상적으로 하는 많은 활동은 스스로 선택했던 것이 아니다. 우리가 선택했다고 해도 깊이 생각하지 않고 대충 순응하여 그렇게 한 것이다. 살다 보면 눈에 띄는 대로 일을 맡게 되고 일이 요구하는 대로 응하게 된다. 직업도 그렇고 가정생활의 이런저런 요구에서도 그렇다. 비록 그것들이 꼭 자기에게 딱 맞는 일은 아니라고 하더라도 이런 행동의 계기는 자신을 시험할 소중한 기회다. 탁월한 사람처럼 행동할 수 있는 기회이다. 그것은 우리가 지닌 탁월성의 시험대다. 행동을 하는 덕분에 우리는 마침내 자신이 무엇을 위해 존재하는지를 진정으로 알게 된다.

물론 이는 쉬운 일이 아니다. 자신의 행위에서 얼굴을 돌리게 만들고 지금 맡아서 하는 활동에 쉽게 전력을 다하지 못하게 하는 많은 장애물이 있기 때문이다. 이런 장애물을 제거하는 것, 아주 작은 행동 하나에도 차고 넘치게 마음을 쏟는 것, 바로 이것이 우리가 배워야 할 일이다.

건강한 습관, 강력한 동맹군

우리가 행위 속에 '거주하기'로 가는 길에서 넘어야 할 첫 번째 장애물은 습관이다. 습관은 주의를 무디게 만든다. 틀에 박힌 처신 속에 우리를 가둔다. 모든 습관에서 벗어나야 한다는 말일까? 그 반대다. 잘 사용하기만 하면 습관의 힘은 강력한 동맹군이 된다.

소모적인 타성을 경계하기

습관은 우리의 삶을, 그리고 주로 우리의 일상을 뒤덮고 있다. 가장 일상적이고 반복적인 행위는 우리가 가장 주의를 기울이지 않는 행위이고 다른 관심사를 위해 기꺼이 희생하는 행위다. 아침 식사, 가족과 함께 보내는 생활의 의례적인 의무, 집에서 사무실까지 변함없이 이어지는 길, 그러고는 사무실에서 학교로, 학교에서 슈퍼마켓으로, 우리가 이미 속속들이 알고 있는 반복적이고 지루한 업무……. 우리는 처음 만나는 사람의 호감을 사는 문제가 걸려 있을 때에는 주의력과 재능을 열심히 발휘하지만, 집에 돌아오자마자 더 이상 외모도 신경 쓰지 않고 자기 행위를 살피려는 노력조차 하지 않는다.

이렇게 일상은 우리가 행동하기를 잊어버리는 첫 번째 영역이다. 그런데 일상은 하루의 가장 많은 시간을 차지하는 영역이란 말이다! 삶의 본질적인 부분이 자동화된 업무 관리에 맡겨져 있는 것이나 마찬가지여서 우리가 자리를 이탈해도 아무 탈이 나지 않을 정도다. 습관은, 과장이 아니라, 우리가 행동할 수 있는 능력을 마모시킨다.

> "그리고 새로운 것일 때 우리를 기쁘게 해주었던 어떤 것들이 시간이 지난 후 처음만큼 기쁘게 해주지 못하는 것도 같은 이유에서이다. 이것은 마치 무엇인가를 응시할 때 우리 시각이 그런 것처럼, 처음에는 우리의 사유가 자극을 받아 그것에 관해 왕성하게 활동을 하지만, 얼마 후에는 우리의 활동이 그와 같지 못하고 느슨해지기 때문이다. 이런 까닭에 즐거움 또한 시들해지고 마는 것이다."(『윤리학』, X, 1175 a 7~10)

유약함의 덫에 빠지지 않기

습관은 그저 주의를 덜 기울이게 만드는 것만은 아니다. 그것은 우리가 삶에서 시도하고 싶어 하는 변화를 아주 어렵게 만드는 어떤 형태의 타성을 만들어내기도 한다. 일단 몸에 배고 나면, 우리의 성향을 바꾸는 것보다 어린아이에게서 좋은 성향을 갖게 하는 것이 훨씬 더 쉽다.

"그리고 그가 정의로운 사람이 되기를 바라기만 하면 그가 정의롭지 못한 사람이기를 그치고 정의로운 사람이 되는 것도 아니다. 병든 사람이 단지 바란다고 해서 건강하게 되는 것이 아니니까. 그리고 그가 자제력 없이 삶을 영위해왔고 의사들의 말을 따르지 않음으로써 병에 걸린 것이라면 그는 자발적으로 병에 걸린 것이다. 그 당시에는 그가 병에 걸리지 않을 수도 있었지만 건강을 일단 던져버린 후에는 더 이상 그럴 수 없었다. 마치 돌을 버리고 난 후에는 다시 그것을 잡을 수 없듯이. 그럼에도 돌을 던지는 것은 그에게 달려 있는 일이었다. 그 원리가 자신 안에 있었기 때문이다. 이렇듯 정의롭지 못한 사람과 무절제한 사람 양자에게 공히 처음부터 그런 사람이 되지 않을 가능성이 있었으며 그런 까닭에 그들은 자발적으로 그런 사람이 된 것이다. 하지만 일단 그런 사람이 된 후에는 그런 사람이

되지 않을 가능성이 더 이상 없다."(『윤리학』, III, 1114 a 14~22)

어쨌든 단순히 결심만으로는 자기가 바라는 사람이 될 가능성은 없는 것이다. 남아 있는 가능성은 자신의 변한 모습을 그때그때 바로잡는 것뿐이다. 습관이 너무 끈질겨 아주 작은 것을 바꾸는 데에도 많은 시간이 필요하다고 하더라도 무엇이 잘 안되고 있는지는 잠깐만 생각해봐도 찾아낼 수 있다. 모두가 다 그럴 수 있는 것은 아니지만, 때로 사건이 벌어지면 우리는 자신에게 되돌아가 자신에게 반기를 들기도 한다. 싸움이 시작된 것이다. 중무장을 해두는 편이 좋다. 특히 인내심이 필요하다. 현대화를 싫어하는 반동적인 또 다른 내가 요새를 지키고 있으니 말이다.

그러므로 단 하나의 습관을 끝내기 위해서도 정말로 노력을 할 각오가 필요하다! 습관이 자리를 잡으면 거스르는 것보다 유지하는 것이 훨씬 쉽다. 아주 잘 지내고 있는데 왜 자기 집에서 나오려고 애쓰겠는가? 집에 틀어박혀 있기 좋아하는 사람은 역설적인 안락함을 구현하고 있다. 우리는 자신을 활짝 피워낼 수 있기 때문에 어떤 상황 속에 남아 있는 것이 아니라 거기에 머물러 있는 것이 힘이 덜 들기 때문에 그런 것이다. 고정된 습관을 이기고 달리기를 하러 나가자, 혹은 한잔 하러 나가자 하고 결심하는 일은 시작만으로도 피로가 엄습하는 노력의 그림자를 드리운다. 그리하여 몸이 너무 피곤해서 못 나가겠다고 느끼는 것이다. 사실은 힘이 없다는 느낌을 준 것은 외출한다는 생각 자체인데도 말이다. 그래서 그저 생각만 잠깐 해봤을 뿐인 노력을 그만두고 쉬고 싶어 하는 것이다. 이런 타성의 덫을 아리스토텔레스는 '유약함'이라고 부른다. 유약함은 힘든 노력 앞에서 한결같이 달아나고 자신에 대해 피곤하다는 느낌을 지니는 태도다.

> "그런데 대중조차 견뎌내고 능히 이겨낼 수 있는 것에 대해 이겨낼 힘이 부족한 자가 바로 유약한 사람이며 나약한 사람이다. 나약함도 일종의 유약함이니까. 이런 사람은 겉옷을 드는 데서 오는 고통과 수고를 피하기 위해 겉옷을 질질 끌고 다니며 병든 사람처럼 행세하고 다닌다. 자신은 불쌍한 사람이 아니라고 생각하지만 실제로는 불쌍한 사람과 비슷하다."(『윤리학』, VII, 1150 b 1~5)

습관이 행동에 봉사하도록 하기

소용이 있을까? 게다가 굳이 꼭 습관을 거스르려고 해야 할까? 자동적인 습관의 힘 덕분에 우리가 더 쉽게 행동할 수 있고 새로운 일을 할 때마다 들여야 하는 노력도 좀 줄어드는 것 아닌가? 습관은 행위를 더 원활하게, 더 쉽게 만든다. 습관 덕분에 운동선수는 생각하지 않고도 동작을 완벽하게 해낼 수 있다. 그래서 손이나 발을 어디다 어떻게 두어야 할지 신경 쓰지 않고서 특정한 활동 측면에만 집중할 수 있다. 초보 운전자는 핸들을 돌리고 기어를 바꾸는 일에 너무 신경 쓰느라 도로를 제대로 보지 않는다. 운전하는 습관을 들이면 이런 문제가 고쳐질 것이다. 이렇게 습관은 행위에 유용할 수도 있고 더 효과적으로 행동하는 수단이 될 수도 있다.

그러므로 습관은 그 자체로는 나쁘지 않다. 행위의 자리를 대신 차지해버리는 습관만이 나쁘지 행위를 보조하는 습관은 나쁘지 않다. 날마다 같은 코스로 가는 데 익숙해져 더 이상 전혀 행동하지 않는 운전자는 사고를 낼 위험이 있다. 통계가 이를 증명한다. 충돌 사고의 대부분이 익숙한 코스에서 일어난다. 이 경우에는 습관이 더 세심하게 운전을 하도록 돕는 대신 운전의 자리를 차지해버린 것이다. 요컨대 더 이상 행동할 것이 없도록 습관을 들이지 말고 더 잘 행동할 수 있도록 습관을 들여야 한다.

이는 우리가 하는 일에 덜 주의를 기울이기 위해서 습관을 이용하는 것이 우리 관심사가 아니라는 말이다. 아마도 똑같은 모습을 바라보는 습관은 마침내 그 모습을 지겨운 것으로 만들어버릴 것이다. 보는 습관은 바라보는 일을 분명 그만두게 할 수도 있다. 그러나 그것은 더 잘 보도록 도와주기도, 오랫동안 눈에 띄지 않았던 세부사항과 결합으로 보였던 것에서 갑자기 새로운 매력을 찾아내 즐거워하도록 도와주기도 한다. 처음에는 추해 보였는데 익숙해지면서 점점 진정한 깊이를 지닌 모습을 보이는 경우도 있다. 처음에 눈길을 사로잡은 표면적인 아름다움을 지나 점점 그 사람의 존재에 깃들어 있는 매력을 바라보는 일에 빠져드는 것, 이것이 진정한 사랑이 아닐까?

습관을 다른 습관으로 없애기

특정한 방식으로 행동하는 습관이 행동을 더 쉽게 만들어준다는 것은 그 습관 덕분에 우리가 나쁜 성향을 극복하는 법을 배우게 될 수도 있다는 것이다. 원칙적으로 습관은 그것이 우리에게 물려준 것을 없앨 수도 있다.

"어쩌면 그는 아예 주의를 기울이지 않을 그런 종류의 사람일 것이다. 그렇다고 하더라도 부주의하게 살아오면서 그런 종류의 사람이 된 원인은 자기 자신이며, 또 나쁜 짓을 해왔기에 부정한 사람이 되는 것이나 술에 취한 채, 그런 종류의 일 속에 빠져 살아온 탓에 무절제한 사람이 되는 것도 자기 탓이다. 각각의 것과 관련한 활동이 이러저러한 성격의 사람들을 만들어내는 것이니. 이것은 또 어떤 종류의 것이든 경쟁을 위해 혹은 공연 행위를 위해 훈련하는 사람들을 보아도 명백하다. 그들은 줄곧 관련된 활동을 하고 있다. 그런데 각각의 것과 관련한 활동을 함으로부터 상응하는 품성상태가 생겨난다는 것을 모른다면 그야말로 몰지각한 사람일 것이다."(『윤리학』, III, 1114 a 3~11)

흡연자들은 모두 금연 초기가 가장 힘들다는 것을 알 것이다. 그러나 피우지 않아 버릇하면, 담배를 피우고 싶은 욕구가 점점 약해진다. 습관은 그래서 우리가 세운 결심의 최고 동맹군인 것이다. 반복되는 활동은 우리 안에 좋은 성향을 심어줄 수 있다. 공포를 이겨낸 덕분에 우리는 마침내 더 이상 무서워하지 않는다. 건강한 식사를 한 덕분에 우리는 인공 첨가물이 든 음식을 더 이상 좋아하지 않는다. 자기 자신에게 관심을 기울인 덕분에 우리는 더 이상 남의 눈을 신경 쓰지 않는다. 일단 움직이는 노력을 해야 한다. 그러고 나서 조금씩 더 많이 노력하면서도 힘은 더 들지 않도록 움직이고 또 움직여야 한다.

처음에 힘들어 보였던 일이 그래서 마침내 즐거운 일이 될 수 있다. 담배를 끊은 사람은 이제 더 편안하게 숨을 쉰다고 느낀다. 식도락가는 예전에는 그 정도로 맛있을 줄은 생각하지도 못했던 채소를 먹으면서 즐거움을 느낀다. 겁이 많던 사람은 대결을 앞두고 흥분을 느끼면서 점점 즐거움을 얻는다. 간단히 말해 자제는 절제의 서막인 것이다.

실제로 자제력 있는 사람은 자신의 나쁜 성향에 저항한다. 그는 하고 있는 일에서 즐거움을 느끼지는 않지만, 적어도 즐거움의 유혹에 져서는 안 된다는 것을 알고 있다. 자제력 있는 사람은 지지 않는 사람이다. 그는 충동을 이기고는 있지만, 아직 충동을 갖고 있기는 해서 어떤 일이 있어도 필사적으로 그것에 맞서 싸워야 하는 사람이다. 승리를 거둔 덕분에 습관이 도와주고, 그는 마침내 변화된다. 그는 더 이상 나쁜 성향에 맞서 그렇게 싸우지 않아도 된다. 그것들이 유지되지 못하고 조금씩 사라지고 있기 때문이다. 그래서 그는 자신이 하고 있는 일에서 자유로이 즐거움을 누릴 수 있게 된다. 이것이 바로 절제하는 사람의 특성이다.

> "자제력 있는 사람은 열등한 욕망을 가지고 그런 반면, 절제하는 사람은 가지고 있지 않으면서 그러하며, 절제하는 사람은 이치에 어긋나게 즐거움을 느끼는 사람이 아닌 반면, 자제력

있는 사람은 즐거움을 느끼되 이끌리지는 않는 사람이기 때문이다."(『윤리학』, VII, 1152 a 1~3)

위기에 처했을 때 습관에서 힘을 길어오기

나쁜 습관을 그토록 끈질기게 만드는 이 타성으로 말하자면, 그것은 탁월성의 최고 동맹군이기도 하다. 어떤 성향이 획득되고 내면화될수록 그 성향은 우리 행동도 촉진시킨다. 우리 생활을 지배하는 다양한 일상사는 그래서 우리 태도에 조금도 영향을 미치지 못한다. 앞으로도 쭉 우리는 자신의 계획에 따라서 계속 행동한다. 외부 조건의 힘만으로 결심을 한 경우와는 전혀 사정이 다르다. 갑작스러운 승진이나 예기치 못한 성공은 가끔 우리를 제정신이 아닌 상태로 만들기도 한다. 그렇게 사려 깊고 점잖던 사람이 단번에 건방지고 거만한 사람이 된다. "너 참 많이 변했다"는 말이 들린다. 마치 상황이 여의치 않아서 오랫동안 착실하게 행동했던 것일 뿐인 듯이 말이다.

위기의 순간에는 습관이 아주 소중하다. 계속해서 견실한 태도를 지니게 해주기 때문이다. 그렇기에 잘 훈련된 군인은 극단적인 상황에 부딪혀서도 냉철함과 군인 정신을 간직하고 있는 것이다. 성품 속에 녹아 있는 습관이 돌발적인 위험에 맞서는 침착한 자신감을 준다.

같은 방식으로 가까운 사람의 죽음은 각자의 삶에서 무서운 시련이 된다. 이런 종류의 비정한 충격은 자식을 잃은 아버지나 남편을 잃은 여자에게 예상하지 못했던 만큼 더욱더 극심한 고통을 안겨준다. 갑자기 삶을 지옥 속으로 내던져버리는 이런 사고를 피할 곳은 어디에도 없다. 이토록 파괴적인 슬픔에서 자신을 유지하기 위해 스토아 철학자들은 제자들에게 지나치게 집착하지 말라고 충고했다.* "자식을 잃었는가? 그저 네가 그를 돌려보냈을 뿐이라고 말하라." 마치 곡예와 같은 이런 자기 확신의 연습이 애도의 순간에 당신에게 큰 도움이 될 가능성은 거의 없다. 더 실제적인 아리스토텔레스의 가르침이 훨씬 낫다. 고통을 피하려고 애쓰지 마라. 어떤 식으로건 고통은 거기에 있다. 당신을 위로하기 위해 할 수 있는 어떤 말도 아픔을 줄여주지 못할 것이다. 그러나 애도의 슬픔에 실패한 인생의 모습을 덧붙일 정도로 괴로움이 당신을 뒤흔들도록 내버려두지는 마라. 지금까지 밝은 삶을 살 수 있게 해주었던 오래된 습관을 꼭 붙들어라. 그것은 이제 당신이 아픔에 대처할 수 있는 방법을 얻도록 다시금 도와줄 것이다. 그렇기에 폭풍우가 당신 집의 지붕과 함께 당신이 지닌 탁월성의 떡갈나무까지 쓸어가버리지

* 스토아 철학은 기원전 301년에 키티온의 제논에 의해서 만들어진 고대 그리스 철학의 한 학파로 초연함의 상태를 추구하여 고통에 사로잡히지 않도록 권고한다.

않도록 이런 습관이 아주 깊이 뿌리 내리도록 해야 한다.

"그리고 탁월한 사람은 인생의 갖가지 운을 가장 훌륭하게, 모든 점에서 전적으로 적절하게 견뎌낼 테니까. 사실 많은 일이 우연에 따라 일어나며 그 크고 작음에 따라 차이를 가진다. 행운 중에서 작은 것은 불운 중에서 작은 것과 마찬가지로 분명 삶의 균형을 변화시키지는 않는다. 다른 한편 큰일들이 좋은 쪽으로 많이 일어난다면 삶을 더 복 받은 것으로 만들 것이다. (……) 반면에 큰일들이 나쁜 쪽으로 많이 일어나면 지극한 복을 짓누르고 상하게 한다. 그것들은 고통을 가져오고 많은 활동을 방해하니까. 그런데도 고귀함은 이런 불운 가운데에서도 빛을 발한다. 크고도 많은 불운을, 고통에 무감각해서가 아니라 고결하고 담대한 성품의 소유자이기 때문에 침착하게 견뎌낸다면 말이다."(『윤리학』, I, 1100 b 21~32)

짚고 넘어가기

1 배우자가 최근에 언제 미용실에 다녀왔는지 아는가? 그가 얼마나 오래전부터 그런 옷을 입고 있는지 말할 수 있는가? 식탁에서 마지막으로 나눈 대화가 어떤 것이었는지 이야기할 수 있는가? 혹시 가까운 사람들의 생일을 잊어버리는 편인가? 이런 세세한 모든 일상사에 관심을 기울이는 좋은 방법은 억지로라도 매일 밤 그날 일어난 일 중에 기억할 만한 사건을 일기에 적어두는 것이다. 이는 아주 오래된 방법이지만 언제나 도움이 된다! 잠들어 있는 일상에 강력한 해독제가 된다.

2 당신이 갖고 싶은 새로운 습관을 하나 생각해보고 활기찬 계획을 세워보라. 모호한 결심만 해두고서 만족하지 마라. 정확하게 계획을 세워두면 당신이 열망하는 것에 그만큼 더 애착을 갖게 될 것이다. 예를 들어 운동 습관을 들이고 싶다면, 먼저 일주일에 몇 차례 그것을 할 예정인지를 스스로 물어보자. 그런 뒤에 달력 위에 표시해두고 일

정표를 조정하여 바꾸지 마라. 습관이 되지 않은 일은 강한 규칙 위에다 받쳐놓아야 한다. 어떤 행위가 습관이 되기를 원한다면, 그 행위를 의식으로 만드는 법을 알아야 한다.

3 당신이 버리고 싶은 습관을 생각해보라. 그것이 또 다른 습관과 연결되어 있는가? 때로 나쁜 습관을 버리는 가장 좋은 방법은 그 습관과 슬그머니 연결되어 있는 다른 습관을 공격하는 것이다. 예를 들어 계속 군것질을 하는 습관은 텔레비전을 보는 습관과 연결되어 있을 가능성이 있다. 후자를 먼저 떨쳐내지 않는다면 전자를 떨쳐내기가 아주 어려울 것이다. 어떤 경우에는 전략적으로 잘 고른 한 가지 습관을 끊으면 다른 많은 습관도 없앨 수 있다.

감성, 심미적 교육

자신의 행위에 주의를 기울이기 위해서는 눈을 크게 뜨고 있어야 한다. 참되게 보고 참되게 듣고 참되게 느끼고, 우리를 둘러싸고 있는 것들과 더 많이 마주해야 한다. 이 모든 것은 누구나 할 수 있는 일이기는 하지만 수련을 필요로 하는 일이기 때문에 수련하지 않고 그냥 할 수 있다고 믿는다면 오산이다. 느끼기, 이것도 배우는 것이다! 그것은 타고난 재능이 아니라 우리가 획득할 수 있고 또 그렇게 해야 하는 성향이다.

눈의 즐거움에 자신을 맡겨보기

몸에 아무런 결핍이 없을 때에는 몸은 자신을 열어 그것을 둘러싸고 있는 세상에 주의를 돌린다. 결핍에 완전히 사로잡혀 자기 자신에만 매달려 있는 때에는 그렇게 하지 못한다. 고통은 갈겨대는 주먹, 찌르는 바늘, 게걸스러운 식인, 태워버리는 불이다. 그런 감각은 어떻게 처리하기가 난감할 정도다. 그것들은 몸이 자기 자신에만 집중하도록 강제하고 자기가 아닌 모든 것에는 눈이 멀게 만든다. 병든 사람은 그를 옥죄는 고통으로 정신이 혼미해져 자신의 아픔밖에는 느끼지 못한다. 말 그대로 그는 고통 그 자체가 된 것이다.

그는 자기가 느끼는 것을 접촉의 형태로 아주 가까이에서 겪는다. 너무 강렬한 빛은 마치 누군가가 손가락으로 우리 눈을 찌르듯이 눈을 아프게 한다. 이는 고통이 언제나 촉감의 일종으로 경험된다는 말이다. 문을 닫고 창문을 걸어 잠그고 다른 무슨 짓을 해도 이 내면의 혼란만큼은 어쩔 수 없다.

우리가 하늘의 아름다운 색깔에 경탄할 때, 거리의 익숙한 소리에 귀를 기울일 때, 질 좋은 와인에 담긴 맛의 미묘한 차이를 찬찬히 음미할 때 우리가 느끼는 감각은 그와 전혀 다르다. 이런 즐거움을 가장 잘 드러내는, 말하자면 모델이라고 할 만한 감각이 바로 시각이다. 우리 눈은 호기심의 기관인 것이다. 눈은 보이는 모든 것을 게걸스럽게 탐색한다. 맹인조차도 자연이 남겨준 감각으로 그를 둘러싼 것을 탐색하자마자 어떤 방식으로 '바라본다'. 살펴보듯 듣는 방식이 있고, 마치 손으로 보듯

만지는 방식도 있다. 촉각이 고통의 모델이라면 시각은 즐거움의 모델이다.

게다가 이 즐거움은 인식의 즐거움을 닮았다. 새로운 사물을 발견하고 싶어 안달하고, 작은 세부사항까지도 포착하고 싶어 하고, 숨은 질서와 정합성을 찾고 탐험에서 환희를 느끼고…….

감성과 단순한 수동성을 혼동하지 않기

이렇게 감각이 그만큼 많은 방식의 인식이 된다면, 우리가 그것을 단순한 수동적인 기관으로 축소해버릴 수도 있다. 물론 이 수용 기관은 앞에 놓인 대상이 필요하다. 볼 것이 전혀 없다면 아무것도 볼 수 없는 것이다. 그러나 본다는 것은 마치 우리가 밀랍이나 점토 반죽이라도 되는 양 그저 대상이 우리에게 새긴 자국을 받아들이는 것은 아니다. 본다는 것은 행동하는 것이다. 느낀다는 것은 행동하는 것이다. 더 정확히 말해 지각하는 것은 느끼는 쪽과 느껴지는 쪽의 공동 활동이다. 색다른 소리가 우리의 귀를 깨어나게 하듯이 눈에 띈 대상은 우리 시각에 기능이 발휘될 수 있는 기회를 준다.

더 잘 보기 위해서 눈을 찌푸리자마자, 귀를 쫑긋하거나 향수의 복잡미묘한 향을 들이마시자마자 우리는 행동을 하는 것이다. 우리는 늘 행동을 하지만 경우에 따라 더하거나 덜한다.

사실 가끔 감각은 순수하게 수동적인 상태와 비슷하기도 하다. 눈은 먹이를 찾아서 화폭 위를 돌아다니는 대신 멍하니 꼼짝 않고 지키고 있기도 한다. 주의를 기울이지 않고서 소리가 '들어오는' 대로 내버려두기도 한다. 복잡한 지하철에서 뜻하지 않은 접촉에 몸을 맡기기도 한다. 그러나 언제든 우리가 느끼는 것에 집중하려고 애쓸 때마다 우리는 더 잘 행동한다.

예를 들어 우리는 몸의 표면 전체로 느끼지 못하기에 몸의 진가를 제대로 잘 평가하지 못한다. 촉각은 우리 생존을 책임지고 있기에,* 촉각 능력은 자연스레 기본적인 생명 기능을 담당하는 성기, 손, 입과 같은 부위 주변에 국한되어 있다. 그래서 우리가 느끼는 몸은 보기보다 전혀 균형이 안 맞는다. 이것은 군데군데 떨어져 있는 감각 능력에 국지적으로만 투자한 불균형한 몸이다. 그래서 내 몸을 내 것으로 만드는 것은 방치해둔 대부분의 살을 감각 기관으로 만들려는 시도가 되기도 한다.

마사지를 하는 동안 바로 이런 일이 일어난다. 마사지의 접촉으로 몸 전체가 깨어나서 활력을 되찾는다. 그렇게 만져짐으로써 몸은 느끼는 법을 배우게 된다. 그때 성은 피부의 각 부위에 퍼져 있는 넘치는 관능에 자리를 내어준다. 몸 전체가 자극

* 1부의 '즐거움에 중독되어'를 참고.

을 받아 미세한 변화도 감지할 수 있는 거대한 촉각 기관이 되어 활동적으로 바뀐다. 거기에서 우리가 얻는 즐거움은, 그것이 더 퍼져 있는 것이라는 사실로도, 전혀 다른 성질의 것이다.

"촉각 때문에 생긴 즐거움 중에서 가장 자유인다운 것은, 예를 들어 체육관에서 몸을 마사지하거나 따뜻하게 함으로써 생겨나는 즐거움은 특정 부위에 한정된 즐거움에서 제외된다. 무절제한 사람에게 문제가 되는 촉각은 신체 전체에 관련한 것이 아니라 특정 부분에 관계하는 것이기 때문이다."(『윤리학』, III, 1118 b 4~8)

즐거움에 대한 감성 기르기

감성은 양성할 수 있다. 우리는 걸음마나 글 읽기를 배운 것과 똑같은 방식으로 느끼는 법을 배울 수 있다. 모든 행동은 개선할 수 있고, 그래서 느끼는 행위도 예외는 아니다. 조금만 연습을 하면 그저 보이던 것을 제대로 바라볼 수 있고, 무심히 귀에 들어오는 것을 제대로 들을 수 있으며, 그저 삼켜버리던 것을 제대로 맛볼 수 있다. 이런 '느끼기' 훈련은 동시에 참된 즐거움의 교육이기도 하다.

"각각의 감각마다 그것에 따른 즐거움이 생겨난다는 것은 분명하다. 우리는 갖가지 볼거리, 들을거리가 즐겁다고 이야기하니 말이다. 그리고 감각 역시 최선의 상태에 있으면서, 그렇게 최선의 상태에 있는 대상에 관계해서 활동할 때 특히 그렇다는 것 또한 분명하다. 감각 대상과 지각하는 것이 다 같이 그런 상태에 있을 경우에는 언제나 즐거움이 있을 것이다. 적어도 감각을 만들어내는 것과 감각을 수용하는 것이 존재하는 한."(『윤리학』, X, 1174 b 27~31)

일단 수많은 포도의 품종에 코와 혀를 길들이기만 하면 와인을 이전과 같은 방식으로 맛보지 않는다. 시음을 거듭한 덕분에 얻은 감성은 전에는 생각하지도 못했던 섬세한 즐거움의 세계를 일깨운다. 더 잘 감지하는 법을 배우자마자 그만큼 열정이 더 넘치게 되고, 이제는 뭐든 상관없이 다 괜찮다는 식으로 있을 수 없다.

실제로 가장 고급스러운 대상은 세련된 감성에 가장 알맞은 대상이다. 섬세한 즐거움은 더 풍부하고 더 복잡하면서도 강함도 덜하지 않기 때문에 더욱 미묘하다. 감각이 느끼는 쪽과 느껴지는 쪽의 공동 작용이라면, 감각의 강렬함은 우리가 대상을 감촉하는 능력에 달려 있는 만큼이나 감촉하는 대상에도 달려 있다는 결론이 나온다. 그렇다면 섬세한 대상이 예민한 감성에 주는 즐거움보다 거친 대상이 조야한 감성에 주는 즐거움이 더 크지는 않을 것이다. 사랑하는 여인에게서 풍기는 향수의 향은 복잡한 경이로움이다. 보통 사람의 코에는 모든 것이 뒤섞여 흔한 화장수에서 나는 냄새를 맡을 때와 즐거움이 똑같을 것이다. 그러나 애호가에게는 그 미묘한 차이를 느끼는 만큼 즐거움은 더욱더 커진다. 우리는 꼭두각시 인형의 미소에 어린 눈물방울에도 마음이 흔들리거나 아무것도 아닌 아주 조그만 것에 열광할 수도 있다. 때로 우리는 감지할 줄 알았지만 다른 이들은 알아채지 못하고 지나가버린 작은 것들에서 가장 생생한 감정이 생겨나기도 한다.

반대로 어떤 분야에 정통한 사람은 어떠한 풍부함도 담지 않은 너무 거친 자극은 느끼지 못할 수 있다. 일부 영화 애호가는 어떤 영화들은 나쁘고 거짓되며 너무도 노골적인 천박함을 화려한 볼거리 아래에 숨기고 있다고 생각하기 때문에 차마 그런 영화를 볼 수가 없다. 허식으로 과장된 기법, 뻔하디뻔한 기교…….

예술 활동으로 자신을 형성하기

그러므로 우리가 길러야 하는 감성은 요컨대 심미적인 감성이다. 사정이 이렇다면 아리스토텔레스가 예술을 부단히 접하는 것을 가장 효과적인 수양의 수단으로 보았다는 것은 전혀 놀랍지 않다. 우리를 둘러싸고 있는 이 모든 윤곽, 선, 형태, 색깔을 느낄 수 있는 법을 배우고자 한다면 그림 연습보다 더 좋은 것이 무엇이겠는가? 세상을 보고, 정말로 그것에 주의를 기울이고, 너무 바쁜 행인처럼 눈이 대상의 표면을 스치고 지나가는 데 그치지 않으려면 이보다 더 좋은 것이 무엇이겠는가?

마찬가지로 책을 많이 읽는 사람은 살아가면서 겪지도 못할 많은 상황이 눈앞에 지나가는 것을 본다. 이렇게 해서 그는 오래도록 도움이 될 일련의 삶의 정경을 축적하고, 이는 인간관계의 한없는 복잡성을 성급한 판단으로 빈약하게 만들어버리는 유혹으로부터 그를 지켜줄 것이다. 문학은 경험을 주지는 않는다. 문학에서 미성숙의 치유책을 찾을 수 있다고 믿는 것은 위험할 것이다. 문학은 우리가 해보지 않은 어떠한 경험도 대신할 수는 없지만 우리가 이미 해본 모든 경험을 훨씬 더 잘 느낄 수 있도록 만들어주고, 그리고 우리가 나중에 겪을 경험도 더 잘 느낄 수 있도록 해준다.

바라보는 법을 배우는 가장 좋은 방법, 그것은 역시 손을 써서 눈을 기르는 것이다. 그저 감상하는 것에 그치지 않고 몸소 그림을 그리면서 우리는 능동적으로 보는 법을 배운다. 어떤 형식의 예술에서든 작품을 가장 잘 평가할 수 있는 사람은 실제로 해봐서 아는 사람이다. 평가를 할 수 있으려면 만들어봐야 한다. 작가가 되기 위해서가 아니라 말의 균형을 더 잘 느끼기 위해 시도하는 글쓰기. 음악가가 되기 위해서가 아니라 소리의 조화로 귀를 교육하기 위해 해보는 악기 연주. 무용가가 되기 위해서가 아니라 몸을 다르게 볼 수 있기 위해 추는 춤.

> "남의 연주를 판단할 수 있기 위해서는 몸소 연주를 해봐야 하기 때문에 젊어서 연주하기 시작하되, 나이 들어 젊을 때 배운 것 덕분에 무엇이 좋은지 판단하고 음악을 제대로 평가할 줄 알게 되면 연주를 그만두어야 한다."(『정치학』, VIII, 6, 1340 b 35~39)

감성을 기르는 일에서 아리스토텔레스는 음악에 특별한 지위를 부여한다. 음악은 실제로 뛰어난 이점을 누리고 있다는 것이다. 모든 예술작품은 감각적인 재현을 수단으로 어떤 정서를 불러일으킨다. 눈에 보이는 광경의 효과와 같은 어떤 정서를 만들어낸다. 그런데 음악, 그것은 그 자체로 곧바로 이 정서다. 그것은 정서를 만들어내지 않고 정서의 내적인 움직임을 재현하기에 슬퍼할 일이 전혀 없는데도 우리는 슬픈 음악을 들으면서 슬퍼하는 것이다. 그렇기 때문에 흐느끼는 바이올린의 반주 하나로 다른 때에는 무덤덤하게 보았을 어떤 장면이 가슴을 울리는 장면이 되기도 하는 것이다. 이는 음악을 강력한 동맹군으로 만드는 일이다. 음악은 좀처럼 감동하지 못하던 감성의 노력을 도울 수 있기 때문이다.

> "촉각이나 미각 같은 다른 감각 기관에 의해 인지될 수 있는 대상은 성격과의 유사성을 제공할 수 없다. 시각의 대상만이 약간의 유사성을 제공할 수 있는데, 자세는 성격을 암시하기 때문이다. 게다가 시각예술이 제공하는 자세와 색채는 성격의 재현이 아니라 암시일 뿐이며, 이 암시는 감정이 느껴질 때만 드러난다. (……) 그러나 선율에는 성격이 모방되어 있다. 이것은 엄연한 사실이다. 선법의 성격이 서로 달라서 듣는 사람들이 선법에 따라 다르게 반응하니 말이다."(『정치학』, VIII, 5, 1340 a 28~40)

짚고 넘어가기

1 다음번에 미술관에 갈 때에는 그저 눈길만 쓱 던지고 그림에서 그림으로 넘어가는 사람처럼 하지 않으려고 해보라. 한 그림 앞에 멈춰 서서 시간을 들여 그림을 바라보아라. 처음에는 아마 지루할 테고, 모두 다 움직이고 있는데 혼자서 그렇게 가만히 서 있자니 바보같이 느껴질 것이다. 그래도 참고 계속 그 자리에 있어라. 몇 분이 지나면 마치 갑자기 껍질이 벗겨지듯 이제 더 이상 그림을 보는 것이 아니라 그 속을 들여다본다는 신기한 느낌이 들면서 미묘한 색채와 세부 묘사의 세계로 들어가는 경험을 할 것이다. 꼭 한번 시험해보라. 정말로 고생할 만한 가치가 있다!

2 물을 한잔 마실 때 와인 애호가와 같은 방식으로 물을 음미해보라. 단번에 삼켜버리지 말고 입 속에서 물을 돌리다가 입술을 살짝 열어서 공기를 빨아들여라. 일단 그러고 나서 맛의 미세한 차이에 집중하면서 물을 삼켜라. 물

에도 맛이 있음을 알게 될 것이다.

3 나들이 갈 때 카메라를 지니고 가는 습관을 들여라. 추억거리를 담아두기 위해서가 아니라 보는 법을 연습하기 위해서 말이다. 당신이 보는 사물과 사람이 어떤 날 어떤 각도에서 사진에 가장 잘 나올지를 곰곰이 생각해본다면 이제 그것들을 보는 방식이 달라질 것이다. 한줄기 아름다운 빛이 단번에 순수한 환희가 될 수도 있고, 지저분한 유리창에 비친 행인의 모습도 똑같이 그렇게 될 수 있다.

4 완벽한 어둠 속에서 음악을 들어보라. 눈을 감고 귀에만 온전히 신경을 쏟아라. 그때 들리는 모든 것에 우리가 어느 정도로 민감하게 되는지를 알게 되면 믿을 수 없을 것이다. 문이 열리는 소리가 갑자기 참을 수 없을 정도로 강한 공격이 된다.

5 당신의 감성을 무디게 하는 모든 것으로부터 감성을 보호하는 법을 배워라. 우리 감각은 민감한 오실로그래프와도 같다. 창가에서 부르릉거리는 오토바이의 소음이 참기 힘들다면, 그 소음이 집에 퍼져나가게 두고서 익숙해지지 마라. 거실에서 시끄럽게 들려오는 텔레비전 소리, 지나치게 큰 말소리, 볼륨을 최대한 높이고 음악을 듣는 습관은 감성을 자극하는 요인이다. 그것들은 과도하게 민감하게 하거나, 마침내 완전히 무감하게 만들어버린다.

능숙함, 실천적 지성

주의 깊게 바라볼 줄 아는 것은 중요하지만 그것으로는 충분하지 않다. 분별력도 발휘해야 하며, 정신이 헤매도록 두지 말고 이성적으로 따져보아야 한다. 행동은 그냥 한다고 되는 것이 아니다. 행동에는 커다란 능숙함을 요구하는 확정되지 않은 어떤 부분이 언제나 들어 있다. 기술적으로 숙련되고 경험이 많다고 해서 언제나 변화무쌍한 상황에 맞추어 결정을 내리는 능력을 발휘하지 않아도 되는 것은 아니다.

방법과 기술을 조심하기

태만은 언제나 결단력 부족에서 비롯되는 것이 아니라 대개는 수단을 부적절하게 선택한 데에서 비롯되는데, 이로써 우리가 지닌 최선의 의도는 좋은 결과를 가져오지 못하게 된다. 어떤 곳에 가고 싶어 하는데 어떤 길로 가야 할지를 모른다. 시험에 합격하기를 바라는 학생은 어떻게 학습 계획을 짜야 할까? 한 여자의 마음을 얻고 싶어 하는 남자는 어떻게 처신할 수 있을까? 상품을 팔려고 하는 기업가는 어떤 전략을 취해야 할까? 수단을 묻는 일은, 최선의 결과를 얻기 위한 최선의 길을 찾는 일은 끝이 없다. 행위의 문제에서 어떻게 처신할지를 아는 것은 언제나 일종의 내기와 같다. 우리가 원하던 아무 탈 없는 짧은 길이 실제 미궁으로 변해버릴 수도 있고 심지어 막다른 길이 될 수도 있기 때문이다.

그러므로 사용할 수단을 결정하는 일은 우리가 취하는 행동에서 본질적으로 중요한 자리를 차지하고 있다. 그래서 일을 수행할 때 우리를 안내하는 역할을 맡은 여러 가지 기술에 그 일을 맡기고 싶은 유혹이 커진다. 작업 방법, 의료 기술, 경영 방법, 판매 기술, 조리법, 심지어 호흡하는 방법, 유혹하는 방법, 만족스런 성생활을 하는 방법, 와인 마시는 방법, 넥타이를 매는 방법, 체스를 두는 방법……. 요컨대 모든 것에 기술이 존재하는 것이다! 오늘날 우리는 그 어느 때보다도 더 '사용설명서'를 열심히 찾아다니고, 도서관에도 그런 책자가 가득하다. 이런 책자는 오선지처럼 괘선이 그어진 유리한 특전을 제공하고 확실하고 안전한 처방을 보증한다. 완전무결한 행동을 수행하는 사람이 되는 것만을 약속해주면서 행동의 창안자가 되는 무거운 짐에서 우리를 풀어내준다.

하지만 이 모든 기술과 방법을 이용하는 것이 충분한지는 확실하지 않다. 기술이란 실제로 무엇일까? 우리가 하고 싶은 것을 어떻게 해야 할지를 처방해주는 규칙의 모음이다. 그런데 제시된 기술은 일반적인 가르침을 제공하는 반면, 우리가 내려야 할 결정이나 착수해야 할 행동은 오로지 개별적인 것에 관련되어 있다.

> "견해와 명제는 한편으로는 보편적인 것에 대한 것이지만 다른 한편으로는 개별적인 것에 대한 것이다. 전자는 어떤 종류의 사람은 어떤 종류의 일을 해야 한다고 말하는 반면, 후자는 이 일이 바로 그런 일이고 내가 바로 그런 사람이라고 말하는 것이니 말이다."(『영혼론』, III, 11, 434 a 16~19)

그런데 일반적인 규칙을 우리 관심사인 개별적인 경우에 어떻게 적용할지를 아는 문제는 기술의 소관이 아니다. 그러하다고 해도 그때에는 어떻게, 어떤 경우에 그 일반적인 규칙을 따라야 하는지를 설명해줄 또 다른 규칙이 필요하게 될 터다. 기술의 사용법을 알려주는 일을 맡은 또 다른 기술……, 그리고 그렇게 계속 무한히!

활동가와 기술자를 구별하기

그러므로 우리를 행동할 수 있도록 해주는 것은 기술도 아니고 규칙을 체계적으로 따르는 것도 아니다. 사실은 그 정반대다! 기술은 아리스토텔레스가 '능숙함'이라고 부르는 그런 행위의 능력을 이미 지니고 있는 사람에게만 유용할 뿐이다. 능숙하다는 것, 이는 현장의 현실에 적용하는 능력을 갖게 해주는 실천적 지성을 발휘하는 것이다. 부대의 규모가 같을 때 천재적인 전술가와 패배한 장군 사이의 차이를 만들어주는 것은 바로 이 능숙함이다. 아리스토텔레스를 가정교사로 두었던 알렉산더 대왕이 엄청난 군사적인 성공을 거둔 것은 그의 대단한 적용 능력 덕분이다. 전쟁의 기술은 그것을 쓸 수 있는 소질이 있는 사람에게 쓸모 있는 것이다. 사관생도는 사관학교에서 전략을 배울 수도 있지만 그 기술을 적절하게 사용하는 방법은 배울 수 없을 것이다. 당연하게도 이 능력은 어떤 뛰어난 자질, 바로 위대한 활동가를 만드는 자질이다.

아리스토텔레스는 다음과 같이 지적한다. 아주 좋은 조언자이면서 제대로 행동할 능력을 갖지 않을 수도 있다. 군주의 조언자들이 좋은 군주를 만드는 일이 드문 것도 그래서다.

"이런 이유로 알지 못하는 사람들이 간혹 아는 사람보다 더 실천적인데, 특히 다른 분야에서 경험을 많이 쌓은 사람이 그러하다."(『윤리학』, VI, 1141 b 16)

위대한 정치가는 측근을 잘 둘 줄 아는 활동가다. 그들은 기술자도 아니고 기술 관료도 아니며 기술을 사용하는 자다. 기술이 행동을 면하게 해주지 않기에 그것을 쓰는 방법을 아는 만큼 기술은 더욱더 쓸모 있는 도구가 되는데, 이는 조언자라고 해서 언제나 할 수 있는 일은 아니다. 아리스토텔레스의 스승인 플라톤은 정치적인 야망을 품고 있었다. 많은 지성인이 그렇듯 그는 능력과 학식이 최선의 정책을 결정하기 위한 자격을 준다고 생각했다. 이상적인 도시를 논의한 작품인 『국가』에서 플라톤은 망설이지 않고 철학자에게 권력의 고삐를 쥐어준다. 철학에 대한 이 멋진 찬양, 모든 유능한 전문가가 앞다투어 비준할 것이다! 그래도 이렇게 바꾼다고 도시가 득을 보리라는 것은 확실하지 않다. 기술자는 기술을 쓰는 방법을 아는 데에 가장 유능한 자가 아니다. 그는 자신의 가르침이 적용되기를 바라지만 어떻게 그것을 적용할지는 모른다. 이런 관점에서 보면 아리스토텔레스가 더 겸손하다. 그는 아주 위대한 철학자이지만 아테네의 일을 지휘하는 최선의 방법을 결정하는 데 자신이 페리클레스*보다 더 적격이라고 주장하지 않는다.

직접 경험해보기

우리가 터득한 규칙과 우리가 전념하는 실제 행위 사이에는 어떤 기술로도 메울 수 없는 성가신 단절이 있다. 우리가 처해 있는 개별적인 상황을 정확하게 추산하는 것은 일반적인 평가 능력과는 아주 다른 능력을 사용하는 것이기 때문이다. 여기에서 요구되는 것은 어떤 판단 능력, 다시 말해 일반적인 생각을 ("이걸 해야 해, 혹은 저걸 해야 해") 개별적인 현실에 맞추는 능력이다. 활동가의 위대한 자질이 바로 여기에 있다.

이런 판단 능력의 사용법은 경험에 의해 배우게 된다. 사실상 가능한 한 현실에 맞게 적용하는 것이 중요하다면 오래도록 현장을 드나드는 것만큼 가치 있는 것은 없다. 바로 경험을 통해서 개별적인 상황에 친숙해지는 것이고, 앎으로는 파악하기 힘든 갖가지 특수한 상황에 맞추는 법도 경험을 통해서 배우는 것이다.

* 연설가, 군사령관이자 정치인인 페리클레스는 기원전 5세기 아테네의 생활에 많은 영향력을 발휘했다.

아리스토텔레스는 이 점을 간단한 보기를 들어서 설명한다. 당신이 다음과 같은 것들을 알고 있다고 상상해보라. a) 담백한 고기가 건강에 좋다. b) 닭고기는 담백한 고기이다. 당신이 행동하기에 이 정보만으로 충분한가? 사실 경험을 통해 닭고기를 닭고기로 알아보는 법을 알게 되지 않았다면 이런 앎은 아무런 소용이 없다. 행동이 개별적인 현실과 맺는 관계도 이와 같다. 오직 경험만이 개별적인 현실에 친숙해지도록 해주는 것이다.

좀 덜 사소한 예를 들어보자. 아무리 완벽한 의료 서적이라고 해도 그것만으로는 의사를 양성하기에 충분하지 않다. 아무리 병에 대해서 이론적으로 통달했다고 해도 병을 구체적으로 알아볼 수 있는 법을 알려주는 실제 임상 사례가 의학 수련에는 필수불가결한 것이다. 독학으로 공부한 사람들에게는 가끔 이런 문제가 생긴다. 이들은 자율적으로 책에서 얻은 막대한 앎으로 무장했지만, 구체적인 경험이 전혀 없어서 실제로 자신이 가진 것보다 더 뛰어난 자격이 자신에게 있다고 판단하기도 한다. 자신의 능력을 자격으로 여기고 있는 것이다. 그 점에 대해서는 어느 누구에게라도 한 수 접어줄 수 있을 정도다. 그러나 그들은 기술을 개별적인 경우에 구체적으로 적용하는 법을 알지 못하기 때문에 아무것도 모르는 것이나 마찬가지다.

경험으로 더 이상 충분하지 않을 때 행동에 자리를 내주기

말은 이렇게 했지만 경험이 만병통치약인 것은 아니다. 경험은 개별적인 현실을 알아보고 그것을 일반적인 항목 아래로 분류할 수 있도록 해준다. 예를 들어 요리를 많이 해본 덕분에 결국에는 요리책에 적혀 있는 분량이 어느 만큼인지를 본능적으로 측정할 수 있게 된다. 15그램의 버터가 어느 정도의 양인지, 우유 750밀리리터가 눈으로 봐서 어느 정도인지를 아는 것이다. 그러나 사건이 충분히 반복되고 규칙적으로 일어나지 않아서 일반적이지 않은 어떤 상황에서는 경험이 도움을 주지 못한다. 사정이 이렇다면 경험은 더 이상 대단한 도움이 되지 않는다. 예를 들어 어린아이들은 서로 닮지 않았다. 각자 고유한 개성을 지니고 있고 저마다 독특하게 반응한다. 그렇기 때문에 아이와 관련된 일에서는 반복이 아주 드물고, 새로 태어난 아이 하나하나가 부모에게는 완전히 새로운 도전이 된다.

행위의 규칙은 일이 '언제나' 아니면 적어도 '자주' 같은 방식으로 벌어지는 맥락 속에서만 유용하다. 만일 규칙이 모두 똑같은 효력을 발휘하지 못한다면, 이는 그런 규칙이 지배하는 영역이 언제나 똑같은 불확실한 부분을 포함하고 있지는 않기 때문이다. 의학 기술은 유혹의 기술보다 아마 더 엄격할 것이고, 읽기 기술이 쓰기 기술보다 더 경직되어 있고, 장인의 기술이 예술가의 기술보다 더 남에게 도움이 된다. 어떤 활동은 결정되지 않은 부분을 상당히 많이 포함하고 있기 때문에 누구도 곧바로 부인할 수 없을 규칙을 제정하는 일은 엄밀히 말해 불가능하다.

> "그리고 여러 학문 중 정확하고 자족적인 것에 관해서는, 가령 글자에 관해서는 숙고가 있지 않다. 글자를 어떻게 써야만 하는지에 대해 망설이지 않으니까. 우리의 숙고는 오히려 우리를 통해 이루어지지만 언제나 같은 방식으로 일어나지는 않는 것, 바로 이런 것에 관계한다. 예를 들어 의술이나 돈 버는 기술에 대해서 숙고하며 체육술보다는 조타술에 관해 더 많이 숙고하는데, 이것은 조타술이 체육술보다 정확성에서 덜 발달되었기 때문이다. 다른 것들의 경우도 이와 마찬가지로 숙고하고, 학문에 관해 숙고하는 것보다 기예에 관해 더 많이 숙고한다. 우리는 기예에 관해 더 많이 망설이기 때문이다. 그렇다면 숙고함은 대부분의 경우에 그런 것들 안에서, 막상 그 결과가 어떻게 나올지 불분명한 것들, 즉 결정되지 않은 것을 포함하는 것들에서 성립한다. 중대한 사안에 관해서는 우리 자신이 충분히 잘 판단할 수 없다고 불신하여 함께 숙고할 사람을 부른다."
> (『윤리학』, III, 1112 b 1~10)

그러므로 기술의 무력함이 드러나는 곳에서 숙고가 필요한 것이다. 그리고 해야 하는 것이 무엇인지 정확히 알지 못하는 만큼 우리는 더욱더 숙고를 하는 것이다. 요컨대 하고 있던 일에 주의를 기울이게 되고 경계를 표하는 것이다. 행동이 잘되지 않을 때는 매뉴얼 이상의 것을 좀더 집어넣어야 한다. 간단히 말해 정말로 행동해야 한다. 행위의 표지는 바로 숙고이니 말이다. 기술이 패배를 시인할 때 자리는 행위에게로!

지금 여기에서 가능한 것을 인식하기

능숙함을 발휘할 수 있으려면 현실 감각을 가져야 한다. 우리가 처해 있는 상황은 배운 바를 엄격하게 적용하는 일은 계속 미루도록 요구하면서 '지금 여기에서' 실제로 할 수 있는 것에 우리를 맞추도록 강제한다. 때로 우리가 처해 있는 조건은 우리가 추구하는 계획에 아주 불리하기도 하다. 최선이란 없기에 우리는 그런 조건과 타협해야 한다.

> "우리는 우리에게 달려 있는 것, 그리고 행위할 수 있는 것에 관해 숙고한다."(『윤리학』, III, 1112 a 32)

접근할 수 없고 힘이 미치지 않는 것에 대해서는 숙고가 없다. 현재 상황에서 할 수 있는 일인지를 고려하지 않고 어떤 행동을 결정하거나 수단을 정하고서 만족하는 것은 실현 가능하지 않은 소원을 품는 것이다. 싸움을 벌이고 있는 사람에게 무엇을 어떻게 해야 하는지를 되풀이해 말하면서 옆에서 조언을 해주는 것은 아주 쉽다. 그러나 이런 거드름 피는 조언은 당연히 아주 성가시다. 해야 하는 것과 할 수 있는 것은 전혀 별개다. 둘을 화해시키는 데에는 많은 능숙함과 정밀함, 솜씨가 요구된다. 이상적인 세상을 꿈꾸는 데에는 아무런 비용도 들지 않지만, 바로 그렇기에 소망에는 결정의 효력이 없다.

> "불가능한 것에 대해서는 합리적 선택이 없으며, 누군가 자신은 그것을 합리적으로 선택했다고 주장한다면 그는 어리석은 사람으로 보일 것이기 때문이다. 반면 바람은 가령 어떤 연극배우 혹은 어떤 운동선수가 이기기를 바라는 것과 같이 결코 자기 자신에 의해서 행해질 수 없는 것들에 관련해서까지도 존재한다."(『윤리학』, III, 1111 b 20~25)

그러므로 능숙함은 경험과는 다른 것을 요구한다. 그것은 현재의 특수한 것들에 주의를 기울이는 능력이다. 그것은 언제나 특수한 '지금', 언제나 유일한 '여기'에서 가능한 것에 주의하는 것이다.

> "잘 숙고한다는 것은 유익함에 따른 올바름이자 마땅히 도달해야 할 것, 마땅히 해야 할 방식, 마땅히 해야 할 시간에 따른 올바름이다."(『윤리학』, VI, 1142 b 28)

우리가 내려야 하는 많은 결정은 긴급히 내려야 하는 결정이다. 최선의 결정이라고 해서 언제나 절대적으로 가장 좋은 결정은 아니다. 더 많은 시간을 들였으면 아마도 더 잘 숙고했을 테고 최종적으로 결심했던 것과는 다른 쪽을 택했을 것이다. 돌이켜보면서 후회하는 것은 쉽다. 그러나 결정을 오래 기다릴 수 없는 상황일 때에는 너무 꼼꼼하게 따지면서 망설이다가 길을 잃지 않는 것이 최선의 선택이다. 행동을 해야 한다면 확실해지기를 기다리는 것은 최선의 선택지가 아니다. 적절한 순간을 놓쳐버릴 위험이, 행동의 기회가 눈앞에서 사라져버릴 위험이 있다. 행동에는 제 때가 있다. 이는 언제나 완벽하게 무르익은 숙고에 알맞은 그런 때는 아니다. 이런 불확실성을 받아들이는 것, 실수를 저지를 위험을 무릅쓰는 것, 저 '행동하기'란 이런 것이기도 하다.

불확실한 세상에서 살아가는 일을 받아들이기

언제나 행동에는 줄일 수 없는 불확실성의 여백이 들어 있다. 행동하는 순간에는 자신이 내리는 결정이 좋은 것인지를 알 수 없다.

> "같은 방식으로 그렇게 화를 내는 일, 돈을 주거나 써버리는 일은 누구든 할 수 있는 쉬운 일이지만, 마땅히 주어야 할 사람에게, 마땅한 만큼, 마땅한 때에, 마땅한 목적을 위해, 그리고 마땅한 방식으로 그렇게 하는 것은 결코 누구나 할 수 있는 일도 아니며 쉬운 일도 아니다. 바로 그런 까닭에 이런 일을 잘하는 것은 드물고, 칭찬받을 만한 일이며, 고귀한 일이다."(『윤리학』, II, 1109 a 27~30)

그러니만큼 더더욱 이런 불확실성 속에서 살아가는 법을 배우고 즉석에서 행동하는 것을 연습해야 한다. 주의를 기울이는 능력을 기르고 희미한 상황에 더 잘 반응하고 더 잘 적응하는 법을 배우는 것은 전혀 불가능한 일이 아니다. 어떤 이들은 이에 대해 대단한 능력을 보여주는데, 이들은 시간이 가면서 개미잡이새와 같은 유연성을 개발할 줄 알았던 사람들이다. 모든 것은 훈련의 문제인 것이다!

그러나 무엇보다도 먼저 모든 것을 예측하려는 유혹을, 기술적인 해결책을 가져와서 자신의 모든 결정을 기술적인 문제로 바꾸어놓으려는 분별없는 야망을 버려야 한다. 불확실한 세상 속에서, 그리고 계속해서 불확실할 세상 속에서 살아가기를 받아들이는 쪽이 세상을 언제나 더 예측 가능한 것으로 만들려고 하는 쪽보다 더 낫다. 그런 환상에 빠져 있는 사람은 조만간 엄청난 후폭풍을 맞을 것이다. 아무도 자신의 상황에 대해 영원히 확신할 수 없고, 어떤 가족도 일어나선 안 되겠지만 그래도 일어나는 뜻밖의 사고로부터 안전하지 않고, 어떤 투자도 회수가 보장되지 않고, 어떤 건물도 자연 재해를 언제까지나 버틸 수 있다는 보장이 없다. 세상에는 무시할 수 없는 돌발적인 사건이 있으며 우리는 그것들과 화해하는 법을 배워야 한다.

사정을 잘 살펴보면 이런 불확실성은 우리에게 기회가 되기도 한다. 그것은 세계가 계속해서 열려 있도록, 미답의 가능성으로 가득하도록 보증해준다. 우리는 잘 행동하고 있는지 결코 자신할 수 없지만 미래에 대해서도 결코 단정할 수 없다. 그리하여 나쁜 결정이 때때로 놀라운 결과를 낳는다. 바보짓이 우리에게 기회가 된다. 실수가 결국에는 이점이 된다. 누가 알까? 미래는 정해져 있지 않다. 우리는 내일이 어떻게 될지 말할 수 없다. 다시금 행동의 가능성을 주는 것이니 이는 잘된 일이다.

"우리는 일어날 일들의 시원이 숙고에서부터 그리고 행위에서부터 비롯되는 것을 본다. 그리고 일반적으로 늘 활동 상태에 있지는 않은 것들 속에는 이럴 수도 아닐 수도 있는 가능성이 있음을 본다. 그런 것들은 이럴 수도 또 아닐 수도 있고, 그래서 될 수도 되지 않을 수도 있다. 그리고 우리는 많은 것이 이러하다는 것을 보게 된다. 예를 들어 이 겉옷은 둘로 잘릴 가능성이 있지만, 잘리지 않고서 먼저 해질 수도 있다. (……) 그리하여 이런 종류의 가능성 개념에 따라 이야기되는 다른 사건들에서도 마찬가지다."(『명제론』, 19 a 7~18)

짚고 넘어가기

1 일상생활은 결정을 내릴 수많은 기회를 제공한다. 얼마나 놀라운 훈련의 현장인가! 하루 동안 해야 할 많은 결정은 다행히도 삶을 영위하는 데 큰 영향을 미치지 않는다. 당신이 사온 과자를 아이들이 싫어한다고 해도 당신 자신이 먹으면 되니 별일은 아니다. 심각한 일은 전혀 아니다. 하지만 이런 사소한 상황에 주의를 기울이는 연습을 하는 습관을 들여보라. 큰 사건도 그만큼 더 잘 대비할 수 있을 것이다. 상황이 허락한다고 해도 언제나 가볍게 행동하지 않기로 결심해보라. 장을 보러 나가거나 시시한 얘기를 주고받는 것은 딱히 어떤 주의를 요하지 않는 평범한 일이다. 그러므로 기회를 놓치지 말고 이런 상황이 당신에게 갑자기 중요한 것이 되기라도 한 것처럼 행동해보라.

2 결단력을 발휘하는 연습도 해보라. 아주 사소한 수많은 상황에서 우리는 우유부단함의 피해자가 된다. 밖에 나가서 식사를 하고 싶지만 식당을 고르지 못해서 불이 켜진

밤거리를 오랫동안 돌아다니다가 결국에는 집에 돌아오고 만다. 최선의 결정을 내리기를 원한 나머지 우리는 어떤 결정도 내리지 못한다. 아니면 결정을 내리기는 하지만 확신이 없어서 조금만 방해를 받아도 금세 선택을 후회한다. 기대하던 저녁 시간을 망치는 데 이보다 더 좋은 방법은 없다. 이와 반대로 확실하지 않은 상태에서 결정을 내리는 일이 완전히 정상이라고 생각하라. 이는 모든 결정의 공통된 운명이다. 그러나 결정을 내렸을 때에는 더 이상 망설여서는 안 된다. 단호함의 부족은 당신이 올바로 받쳐주기만 했다면 좋은 것이 될 수도 있었을 선택을 위태롭게 만들 위험이 있다. 결정은 확신하지 않은 채 내려도 되지만, 그러고 나서는 마치 확신하고 있는 듯 행동하라.

3 적절한 때에 결정을 내리는 훈련을 하는 것도 중요하다. 예를 들어 며칠 동안 세심함을 발휘하려고 노력해보라.

상황 파악을 못한다는 것, 이는 언제나 때에 맞지 않게 행동하거나 말하는 일이다. 최고로 웃긴 농담도 때를 맞춰 하지 않으면 참담한 결과를 낳을 수 있다. 가장 호의적인 의도도 시의적절하지 않으면 안 좋게 받아들여질 수 있다. 순간이 전부다. 청혼을 하는 사람은 때를 신중하게 선택한다. 누군가에게 하고 싶은 말이 있다면 가장 적절해 보이는 순간을 선택하라.

이성이라는 보호막

제대로 내린 결정이 아니라 충동적인 감정 때문에 어떤 일을 할 때에는 우리는 진정으로 행동하는 것이 아니다. 그러므로 행동을 내 것으로 삼는다는 것은 우리를 지배하는 강한 충동에 저항할 줄을 아는 것이기도 하다. 이런 요구사항은 기개의 힘의 소관이 아니라 생각한 바를 확고히 하는 능력의 소관이다.

격정이 우리를 사로잡을 때

우리는 격렬한 감정에 휩싸여서 충동적으로 행동하는 때가 아주 많다. 폭풍을 만나면 공포에 사로잡힌 선원들은 짐을 바다에 던져버린다. 분노에 싸인 남자는 될 대로 되란 식으로 거칠어진다. "나를 말리지 않으면 큰일 날 거야!" 질투에 사로잡힌 여자는 극도로 흥분하여 자신이 세상에서 가장 사랑하는 사람을 괴롭게 만든다. 흥분의 순간이 일단 지나고 나면 후회에 빠져들게 되는 이런 행동의 목록은 길고도 길다. 제정신을 찾고 나면 우리는 난폭한 감정에 휩싸여 눈이 멀어버린 나머지 자기가 무슨 짓을 하고 있는지도 모른 채 얼마나 어리석은 행동을 했는지를 생각한다.

게다가 이런 상황에서는 행동한다는 느낌도 거의 들지 않는다. 그보다는 오히려 자기도 모르게 뭔가에 말려들었다는 느낌을, 우리를 의도하지 않은 학대자로 바꾸어버리는 격분의 첫 번째 희생자가 되어버렸다는 느낌을 받는다. 실제로 법정에서도 이런 상황을 참작한다. 법은 태연하게 저지른 범죄보다는 순간적인 격분에 의해 저지른 범죄를 덜 가혹하게 처벌한다. 분노에 사로잡혀 앞뒤 안 가리고 저지른 행동이 계산된 범죄보다는 더 용서하기 쉬운 것이다.

"만약 어떤 사람이 전혀 욕망을 가지고 있지 않거나 조금밖에 가지고 있지 않은데도 부끄러운 일을 한다면, 이것은 강렬한 욕망을 가지고 그런 일을 하는 것보다 더 나쁜 것이며, 화가 나지도 않은 상태에서 때리는 것은 화가 나서 때리는 것보다 더 나쁜 것이라고 누구든 생각할 것이다. 감정에 사로잡히지 않고도 그런 일을 하는 사람이 감정에 사로잡히게 되면 도대체 무슨 일을 하게 될 것이란 말인가?"(『윤리학』, VII, 1150 a 28~30)

감정에 끌려다니지 않기

그러나 상황이 이렇다고 해서 책임을 면할 수 있는 것은 아니다. 우리가 후회를 한다면, 이는 어떤 것도 미리 결정되지 않았음을, 그리고 다르게 행동할 수 있는 가능성이 우리 쪽에 있었음을 어쨌든 의식하고 있다는 것이다. 우리를 마음대로 부리는 악마가 우리 안에 있어 그저 그의 먹이가 된 것일 뿐이라고 하면서 자신에게 책임이 없다고 말하고 싶을지도 모르겠다. "이건 내가 아니야, 나는 아무것도 할 수 없었어. 나도 너만큼이나 희생자야!" 얼마나 이상한 방식으로 상황을 나타내고 있는 것인가. 그는 어떤 충동에서 대놓고 쾌락을 느껴놓고 자신을 그 충동의 희생자로 여기는 게 아닌가 하는 혐의가 짙다. 일반적으로 강제로 무언가를 할 때에는 마지못해 하는 느낌이 있다. 만일 누가 관자놀이에 권총을 들이대고 지갑을 내놓으라고 공손하게 설득하려 한다면, 우리는 지갑을 내놓기는 하겠지만 열과 성을 다해 그러지는 않을 것이다. 우리가 매력을 느끼는 사람에게 다가갈 때 마지못해서 한다는 느낌이 어디 있는가? 복수의 쾌락, 기분 내키는 대로 하는 기쁨, 고통을 가하는 즐거움…….

희생자는 잊어라. 공모자에게 인사하라!

> "만약 누군가 즐거운 것들과 고귀한 것들이 우리 바깥에 있으면서 우리를 강제하기 때문에 '강제적인 것'이라고 주장한다면, 그에게는 모든 것이 강제적인 것이 될 것이다. 모든 사람은 이 즐겁고 고귀한 것들을 위해서 모든 일을 행하는 것이니까. 그리고 강제에 의해 마지못해 행하는 사람들은 고통스럽게 행하는 반면, 즐거움과 고귀함 때문에 행하는 사람들은 즐겁게 행한다. 그런데 바깥의 것을 탓으로 삼을 뿐 실제로 그런 것에 쉽게 굴복하는 자기 자신을 탓으로 삼지 않는 것은, 또 고귀한 행위는 자기 탓으로 돌리지만 부끄러운 행위는 즐거움 탓으로 돌리는 것은 우스운 일이다."(『윤리학』, III, 1110 b 9~16)

굴복하는 사람 쪽이 저항하는 사람보다 그다지 유혹에 더 노출되어 있는 것은 아니다. 정확히 같은 조건에서 금연을 하기로 결정을 한 흡연자 두 사람을 상상해보자. 식사를 하고 나서 두 사람 모두 니코틴 흡수의 욕구를 느낀다. '골초' 친구들이 코앞에서 담배 연기를 뿜어댈 때 두 사람 모두 담배를 못 피우는 것에 괴로워한다. 그들은 사로잡은 충동은 정확히 똑같다. 그런데 한 사람은 견딘다. 다른 사람은 굴복하고 마지막 담배에 불을 붙인다. "약속해!" 그러나 마지막 담배는 결국 마지막이 되지 못한다. 만일 주장하는 대로 강제력이 아주 강했다면, 그것을 벗어나는 것은 불가능했을 것이다. 그러나 명백히 한 사람의 성공은 다른 사람의 변명을 우스운 것으로 만들어버린다. 덮쳐오는 충동의 희생자와 같은 처지에 우리를 빠뜨리는 그런 불가피함 같은 것은 없다.

아리스토텔레스는 인정한다. 변태적인 사람은 자신의 변태성에 대해 책임이 없다. 그를 움직이게 만드는 충동은 그가 만든 것이 아니다. 모든 것을 고려하면 악한 사람보다는 변태적인 사람이 되는 편이 낫다. 전자는 도덕적으로 비난받아 마땅하지만, 후자는 그저 병든 사람이다. 그러나 그런 경우에도 변태적인 사람이 자기 안의 유혹에 굴복하도록 강제하는 뭔가가 있는 것은 아니다. 자신의 성향에 대해 책임이 없다고 하더라도 거기에 굴복한 책임은 남아 있다.

"어리석은 사람 중 본성적으로 이성적으로는 헤아릴 줄 모른 채 오직 지각에 의해서만 살아가는 어떤 사람들은—멀리 떨어진 야만인 중 어떤 종족들이 그러는 것처럼—짐승 같은 유형의 어리석은 사람들이며, 간질이나 광기와 같은 질병으로 말미암아 그렇게 행동하는 사람들은 병적인 유형의 어리석은 사람들이다. 그런데 이 중 어떤 것을 가끔 가지면서도 그것에 지배당하지 않을 수도 있다. 예를 들어 팔라리스는 어린아이를 먹어야겠다는 욕망을, 혹은 이상야릇한 성적인 즐거움을 억제하곤 했던 것이다. 그렇지만 물론 이것들을 가질 뿐 아니라 그것에 지배당할 수도 있다."(『윤리학』, VII, 1149 a 9~15)

그러므로 격렬한 감정으로 '번민하는' 것과 그것에 '지배되는' 것 사이에는 엄연한 차이가 있다. 우리는 언제나 자신이 느끼는 감정을 느끼지 않도록 막을 수는 없지만, 이런 감정이 행동을 결정하는 것을 막을 수 있는 가능성은 갖고 있다.

분노를 '끌어올리기'

만일 지배당하지 않는 것이 목표라면 정확히 어떻게 해야 하는 것일까? 정신력을 더 많이 발휘하도록 자신을 격려하는 것은 아주 일반적인 전략이다. "힘내, 버텨!" 이렇게 우리는 자기 자신의 나약함에 맞서도록 자신을 자극하고 자신에 대해 고결한 화를 낸다. 이는 바보짓이 아니다. 이런 분노는 기개의 동맹군이니 말이다. 기개 있는 사람들에 대해 종종 '욱하는 성질'을 가지고 있다고 말하지 않는가? 우리를 사로잡을 수 있는 모든 감정 중에서 분노는 그러니까 별도의 지위를 갖고 있는 셈이다.

욕구, 두려움, 선망, 기쁨, 사랑, 미움, 슬픔, 질투, 연민 등의 공통점은 즐거움이나 고통을 유발하는 것을 만났을 때 생겨나는 정서적 반응이라는 것이다. 욕구는 즐거운 것에 대한 추구에 의해 지배되고, 두려움은 고통의 원인이 될 수 있을 것에 대한 생각에 의해서 유발되고, 기쁨은 즐거움을 주는 것을 소유하는 특권에서 나오고, 사랑은 우리 마음에 드는 사람에게 우리가 느끼는 애착이고, 질투는 일종의 고통에 의한 경련이다. 간단히 말해 우리가 느끼는 감정의 파란만장한 작은 세계는 쾌락과 고통에 의해 지배되는 것이다.

오직 분노만이 이런 조건에서 벗어나 있다. 가까운 사람의 행동이 우리에게 고통을 주는데도 우리는 그에 대해 분노를 느끼지 않을 수 있다. 우리는 먼저 슬픔을 느낀다. 분노가 생기려면 고통의 느낌과는 아주 다른 뭔가가 필요하다. 공격을 받았다는 느낌이 들 때에야 분노가 터져나온다. 어떤 행동이 우리에게 부당한 짓을 한 것으로 보일 때, 다른 사람에게 우리를 해치려는 의도가 있다고 여길 때 우리는 격분한다. 어린아이가 탁자 모서리에 부딪혀서 "못된 탁자!" 하고 소리칠 때 아이가 탁자에게 돌리는 못된 의도가 바로 그런 것이다. 게다가 느껴지는 것이 쾌락인지 아니면 노골적인 고통인지도 별로 중요하지 않다. 우리는 이를 뽑는 것이 결코 즐거운 일이 아닌데도 특별히 아프게 했다거나 제대로 조심하지 않았다는 생각이 드는 경우가 아니라면 치과의사에게 화를 내지는 않는다.

어떨 때에는 벽에다 자기 머리를 들이박을 정도로 우리 자신에게 화를 낼 수도 있다. 어떤 욕구에 너무 쉽게 넘어가다 보니 정말이지 자신의 가장 나쁜 적은 바로 자기 자신이라는 생각이 들 때가 그렇다. 그래서 왜 아리스토텔레스가 욕구는 귀를 막고 있는 반면, 분노는 "이성에 복종한다"고 말하는지 이해된다. 욕구는 자연스럽게 기울어지는 쾌락을 따른다. 딱하게도 이 쾌락이 타락한 것이라 해도, 그래도 욕구는 우리가 어떻든지 말든지 욕구한다. 그러나 분노는 적어도 그저 괴로운 것을 넘어 우리에게 해로운 것을 피하려는 이성적인 의지의 길을 따른다.

> "분노는 어느 정도 이성에 귀를 기울이긴 하지만 그것을 잘못 알아듣는 것 같아 보이기 때문이다. 마치 이야기를 끝까지 듣지 않고 달려나가 지시와는 다르게 행하는 실수를 범하는 성급한 하인들처럼, 혹은 개들이 친한 사람인지 아닌지 알아채기도 전에 소리만 나면 짖는 것처럼 말이다. 바로 이렇게 분노는 그 본성의 열기와 빠르기로 말미암아 듣기는 하되 해야 할 바를 듣지 않은 채 복수로 돌진하는 것이다. 모욕이나 멸시를 당했다고 이성이나 상상이 보여주고 나면 분노를 관장하는 부분이

그런 일에는 마땅히 싸워야 한다고 추론해낸 것처럼 대뜸 성을 내고 나서는 것이다. 반면에 욕망은 이성이나 지각이 즐거운 것이라고 이야기하기만 하면 그것을 즐기는 일로 돌진하는 것이다. 결국 분노는 어떤 의미에서 이성을 따르지만 욕망은 그렇지 않다. 그러므로 욕망에 대한 자제력 없음이 더 창피한 것이다. 분노에 대해 자제력 없는 사람은 어떤 방식으로 이성에 지는 데 반해, 욕망에 대해 자제력 없는 사람은 욕망에 지는 것이지 이성에 지는 것은 아니기 때문이다."(『윤리학』, VII, 1149 a 26~1149 b 3)

그러므로 감정에 휩싸이게 되는 한은 자기 안에서 분노의 능력을 돋우는 것이 더 낫다. 이는 욕구의 충동을 꼼짝 못하게 만들고 고통의 괴로움과 쾌락의 매력에 저항하는 데 도움을 준다. 절망의 상황에 빠졌을 때 우리는 괴로움에서 벗어나기 위해 필요한 힘을 종종 분노 속에서 발견하지 않는가? 쉽게 불타오르는 성격의 사람은 아킬레스와 같다. 그는 자신을 몰아붙일 수 있는 힘을 격분 속에서 길어오는 운동선수와 자신의 투지를 (이를 악물고 주먹을 불끈 쥐고서) 건성건성 하려는 유혹의 치료제로 만드는 운동선수와 같다.

"사람들은 분노 또한 용기로 간주한다. 짐승들이 자신에게 상처를 입힌 자에게 돌진하듯이 분노로 말미암아 행하는 사람들 역시 용감한 사람으로 보이기 때문이다. 용감한 사람 역시 분노의 면모를 가지고 있어서 그런 것이다. 분노가 가장 기꺼이 위험을 무릅쓰게 하는 것이다."(『윤리학』, III, 1116 b 23~26)

그러므로 분노는 아주 작은 악이다. 어쨌든 이상적인 것은 아니다. 분노는 감정이고, 또 그런 한에서 충동적으로 행동하도록 이끄니 말이다. 확실히 분노는 이성의 하인이긴 하지만, 곱씹어볼 시간도 갖지 않고 대뜸 일을 시작하고 보는 성미 급한 하인이다. 분노에 휩싸이면 우리는 마치 물어뜯고 싶어 안달인 광견병 환자처럼 처신한다. 열정에 취할 수 있듯이 분노에 취할 수도 있으며, 어느 쪽이든 그리 권할 만한 일은 못 된다.

아리스토텔레스는 이런 취함이라는 은유를 감정에 사로잡힌 사람의 정신 상태를 규정하기 위해서 종종 사용한다. 어떤 감정에 사로잡히면 우리는 자신의 이성을 더 이상 온전히 사용하지 못하는 술 취한 사람의 처지가 된다. 자신의 감정에 저항할 수 있는 사람과 그럴 수 없는 사람의 차이는 절제를 할 수 있는 능력에 있다. 플라톤은 『향연』에서, 친구들과 밤새 술을 마시고 난 뒤에 다른 사람들은 모두 곤드레만드레 취했는데도 여전히 정신이 생생한 소크라테스의 모습을 그린다. 술을 이겨내는 이런 놀라운 성향은 모든 상황에서 이성을 사용할 수 있는 능력을 유지할 줄 아는 사람을 의미한다. 자제력이 부족한 사람, 단번에 취해버리는 사람은 소크라테스와 완전히 상반되는 사람이다. 그는 술을 이기지 못하고 첫잔에 정신줄을 놓아버린다.

> "(……) 자제력 없는 사람은 빨리 취하거나 혹은 대중이 그러는 것보다 더 약한 포도주, 혹은 더 적은 양의 포도주로 취하는 사람과 비슷하다."(『윤리학』, VII, 1151 a 4)

수상쩍은 정당화를 간파하기

우리가 충동에 굴복했을 때 실제로 비틀거리는 것은 기개의 힘이 아니라 이성이다. 기개는 그 자체로는 충동적인 성향이기 때문이다. 생각과는 달리 우리의 약함이 드러나는 것이 아니라 무지가 드러난 것이다. 충동에 끌려가는 순간에도 우리는 이렇게 행동하면 안 된다는 것을 잘 알고 있지만, 몹시 흥분하여 마치 그런 생각이 사라져버린 것과도 같은 상태에 놓여 있다. 우리는 알고는 있지만 정말로 알지는 못하고 있는 것이다.

> "앎을 가지고 있지만 사용하지는 않는 경우 안에서도 특별히

구별되는 하나의 품성상태, 가령 자고 있는 사람이나 미친 사람, 혹은 취한 사람의 경우처럼 어떤 방식으로 앎을 가지고 있으면서도 가지고 있지 않은 상태를 보기 때문이다. 감정에 사로잡힌 사람들도 이런 상태에 놓인 것이다. 분노나 성적인 욕망, 또 그런 종류의 것들은 명백히 신체까지 변화시키고 어떤 사람들에게는 광기까지 일으키게 하기 때문이다. 그러므로 자제력 없는 사람들은 이 사람들과 유사한 상태에 있다고 말해야 함이 분명하다."(『윤리학』, VII, 1147 a 11~18)

우리는 모두 술을 지나치게 마시는 것이 좋지 않다는 것을 알고 있다. 그러나 질병에 맞닥뜨리지 않은 한, 간경화의 피해를 가까이에서 보지 않은 한 머리로만 이 진실을 인정하지 가슴으로 동의하지는 않는다. 그 문제를 생각하지 않거나 기껏해야 아주 가끔만 생각할 뿐이다. 이런 앎은 잠재적인 상태에 머물러 있는 앎, 우리가 그것에 전념하기로 선택하는 경우에만 우리 안에서 뚜렷해지는 그런 앎이다. 아리스토텔레스의 멋진 표현을 빌리면 그것은 "우리 본성 안에 녹아들지" 않은 것이다.

이렇게 해서 감정에 사로잡힌 정신은 그것이 알고 있는 것에서 쉽게 고개를 돌린다. 충동에 굴복할 때 우리는 자신이 알고 있는 것("과음은 건강을 해친다")을 부정하지는 않지만, 우리의 정신은 더 와닿는, 그래서 더 결정적인 역할을 하는 또 다른 생각("술을 마시면 즐거울 거야")에 사로잡힌다.

달리 말해 유혹에 굴복할 때 우리는 자신이 알고 있는 것을 부정하지는 않지만 또 다른 생각을 무대 전면에 등장시키는 것이다. 이 생각은 우리가 착수하고 싶어 하는 행동을 우리 자신의 눈에 정당화하는 기능을 한다. "오, 결국 나는 이 즐거움을 나에게 허락해도 되는 거야!" 이렇게 해서 숙고가 우리가 하고 싶은 행동을 정당화하는 것이다.

참 신기한 역전이다. 결론이 숙고를 앞서다니! 이제 우리는 무엇을 해야 할지 알기 위해서 숙고하는 것이 아니라 하기를 욕망하는 것을 정당화하려고 숙고를 하는 것이다. 이성은 그저 욕망에 보증을 서주러 올 뿐이다. 이성은 욕망에게 백지 증서를 주고 체면의 후광을 입힌다. 욕망은 우리 자신이 보는 앞에서 정당성을 얻었기에 이제 우리는 그것에 따라도 된다. 겉으로는 우리는 합리적인 태도를 보인 것이다. 그 순간 우리는 자신의 결정을 완벽하게 정당화할 수 있었으니 말이다. 그러나 사실은 우리는 전혀 그렇지 않았다. 숙고의 결론이 숙고를 앞서갔으니 말이다!

이성이 이렇게 쉽게 흔들리지 않게 하려면 도대체 어떻게 해야 할까? 생각의 힘을 굳건히 해야 한다. 지속적인 활동 속에서 생각을 유지하면서 말이다. 이런 권고는 구체적으로는 상호보완적인 세 가지 태도로 귀착된다.

생각을 작동 상태로 유지하기

생각을 작동 상태로 유지한다는 것은 성찰하고 검토하는 상태로 마냥 자신을 내버려두어서는 안 된다는 말이다. 이런 식으로 정신을 계속해서 활동 속에 유지하는 것을 상상할 수 있는가? 생각을 하기 위해서는 움직일 필요도 흥분할 필요도 없다는 점을 주목하자. 사고하는 일은 몸의 어떤 움직임도 초래하지 않고 전제하지도 않는다. 비교적 가만히 있으면서 수행되는 것이니 물리적인 노력보다 훨씬 더 오랫동안 계속할 수 있다.

> "이 활동이 가장 연속적이다. 왜냐하면 우리는 어떤 것을 행위하는 것보다 더 연속적으로 관조할 수 있기 때문이다."(『윤리학』, X, 1177 a 22)

성찰 활동을 힘들고 '머리 아픈' 일이라고 보는 모든 사람은 이런 말에는 동의하지 않을 것이다. 그러나 지적인 노력을 힘들게 생각하도록 만드는 것은 그들이 문제를 푸는 상황만을 보기 때문에 그런 것이 아닐까? 그들로서는 문제를 안고 있다는 것은 언제나 딱한 일이기 때문에 문제란 그저 제기되지 않았으면 싶은 것이다. 더구나 이런 어려움이 있을 때는 갖고 있는 것에 그치지 않고 그들 자신이 문제를 만들어냈던 것이다!

우리는 언제나 똑같은 오류에 빠진다. 생각하는 행위를 그 행위의 바깥에 놓여 있는 어떤 목적(문제의 해결)에 종속시킨다. 그러나 우리가 잠깐이라도 이 모든 곤란에서 성찰의 독려만을 보자는 데 동의한다면 틀림없이 아리스토텔레스의 말이 옳다고 인정할 수 있을 것이다. 어떤 목적으로 탁월성을 발휘할 기회로 여겨진 사고 활동은 그것이 발견하는 모든 것을 취하는 지속적인 행위가 된다. 그리하여 가장 작은 것, 가장 일상적인 상황 그리고 심지어 가장 불쾌한 것도 성찰의 동기가 된다. 우둔한 되새김질 속에서 정신이 곤죽이 되도록 내버려두는 것만큼 쉬운 일도 없다. '빈둥빈둥 하면서'도 꽤 잘살 수 있다. 그러나 삶이 제공하는 이 풍부한 재료를 향해 능동적으로 방향을 돌리자는 결심은 얼마나 더 신나는 일인가? 그리고 그 주된 매력은 아마도 끊임없이 우리에게 생각거리를 준다는 것이다!

완고함에 등을 돌리기

완고한 사람의 경직된 태도만큼 이런 태도에 더 반대되는 것은 없다. 그들은 어떤 일이 있어도 생각을 고수하기 때문에 겉으로는 생각이 굳건한 사람처럼 보인다. 물론 그들에게는 감정의 바람이 불어오자마자 자신의 생각을 버리는 비겁함은 없다. 그러나 그들의 끈질김은 오히려 자제력 없음을 드러내는 것이다. 그들이 자신의 생각을 전혀 양보하지 않는다면, 이는 자신들이 옳다고 평가하기 때문이 아니다. 그런 경우에 그들은 자신들의 생각을 옹호할 줄 알 것이다. 사실 그들은 자신들이 생각하고 있는 것에 관심이 없고 최선의 생각을 하는 것에도 관심이 없다. 비판을 공격처럼 여기고 그렇게 고집스럽게 자신의 생각에 매여 있다면, 이는 그들이 자신의 생각에 강력한 감정적인 이해관계를 부여했기 때문이다. 그들이 자신의 전 존재를 넘겨준 어두운 감정이 존재하는데, 이 감정이 그들의 생각에 완강한 과민성의 태도를 부여하고 있는 것이다.

> "자신의 의견에 머물러 있으려는 사람들도 있는데, 이런 사람들은 고집쟁이라고 불린다. 이 사람들은 설득 자체가 어렵고, 또 한번 마음먹은 것을 바꾸게 하는 것도 쉽지 않다. 이 사람들은 자제력 있는 사람들과 비슷한 무엇인가를 가지고 있다. (……) 그러나 그들은 여러 가지 점에서 서로 다르다. 자제력 있는 사람은 감정이나 욕망 때문에 마음을 바꾸지는 않지만, 경우에 따라서는 설득을 잘 받아들이기에 자제력 있는 사람이다.

반면에 고집쟁이들은 이치에 닿는 말에도 마음을 바꾸지 않는데, 그것은 욕망에 사로잡히고 대부분 즐거움에 이끌리기 때문이다. 그런데 독선적인 사람들, 무식한 사람들, 그리고 촌사람들 또한 고집쟁이들이다. 독선적인 사람들은 즐거움과 고통으로 말미암아 고집쟁이가 된 것이다. 이들은 설득되어 마음을 바꾸는 일이 없기만 하면 승자로서 기뻐하고, 자신들의 견해가 민회에서 던진 표처럼 무효가 되면 고통을 느끼기 때문이다. 그래서 이들은 자제력 있는 사람을 닮았다기보다는 자제력 없는 사람을 더 닮은 것이다."(『윤리학』, VII, 1151 b 5~16)

행동하면서 생각하기

생각을 해야 한다는 말은 생각하는 행동을 하는 것으로 만족해야 한다는 의미도 아니다. 행위에서 분리된 생각은 순수하게 이론적으로 남아 있다. 그것을 학문, 앎, 지혜 또는 무엇이라 불러도 좋지만 어떤 것도 우리 삶과 직결되어 있지는 않다. 이런 차원에서라면 우리는 삶을 영위하는 방식을 전혀 바꾸지 않은 채로 아주 잘 생각할 수 있고 아주 멀리까지도 생각할 수 있다. 이런 경우에는 행동하면서 생각하는 대신, 생각을 하고 또 행동을 하고 있는 것이다.

우리가 충동적인 사람들에 대해 비판한 점은 그들이 생각을 할 수 없다는 것이 아니었다. 그것은 그들이 자신이 하고 있는 것에 대해 생각하지 않는다는 것이었다. 그들은 성급히, 다시 말해 성찰의 시간을 갖지 않고서 행동한다. 그들은 어리석어서가 아니라 감정이 생각하는 것을 가로막아서 그렇게 행동하는 것이다. 어떤 의미에서는 감정이 솟구칠 때는 무엇이건 시도해 보기에 이미 너무 늦은 것이다. 그러니까 우리에게 남은 유일한 기회는 사전에 개입하는 것이다. 성찰의 시간이 감정의 시기보다 앞서야 한다. 감정은 폭발하면 지역 전체를 휩쓸어버리기 때문이다. 일단 분노하면 끓어오르는 피에 저항하기가 힘들다. 그러나 분노에 앞서 전조가 있으며 우리는 이를 해독하는 법을 배울 수 있다. 행동하면서 생각하는 것, 이는 그러니까 행동하기 전에 일단 생각하는 것이다.

"마치 먼저 간지럼을 태운 사람이 간지럼을 타지 않는 것처럼, 그렇게 먼저 알아차리고 미리 내다보며 자기 자신과 이성적인 헤아림을 일깨워 감정에 굴복당하지 않기 때문이다. 그 감정이 즐거운 것이든 괴로운 것이든."(『윤리학』, VII, 1150 b 23~25)

습관의 도움을 받으면 행동하면서 생각하는 것이 점점 더 수월해진다. 생각이 행동을 앞서는 대신에 생각이 마침내 행동에

합류하고, 생각의 선율이 행동에 깃든다. 처음에는 행동하기 전에 생각하는 데 노력이 필요하다. 그러고 나면 조금씩 우리의 감정적 성향이 버릇을 들인다. 이성의 노력에 더욱 너그러워지고 이성에 반대하는 대신 이성을 보조한다……. 바로 이것이 실천적 지혜를 가진 사람의 커다란 장점이다.

짚고 넘어가기

1 다음번에 당신이 행동을 하려고 할 때 잠깐만 멈춰서 기다려보라. 오래 기다릴 필요는 없고 때로는 안 좋은 동작 하나나 말 한마디만 참는 정도면 된다. 교사들은 학생들에게 말을 하기 전에 입 안에서 혀를 일곱 번 돌리라고 조언한다. 이 말을 은유라고 생각하지 마라! 실제로 해보라. 이런 행동의 이점을 확인하게 될 것이다.

2 너무 강력해 보이는 어떤 충동을 느끼게 되는 상황을 떠올려서 살펴보라. 다음번에 당신이 그런 상황을 맞게 되었을 때 절대로 당신의 힘을 과대평가하지 마라. 충동에 굴복하는 위험을 무릅쓰지 않으려면 유혹을 피하라(이것이 현명한 첫 번째 대책이다). 예를 들어 불행한 연애에 종지부를 찍으려면 일단은 서로 보지 않아야 한다.

3 운동선수라면 누구든 자신이 해내야 하는 동작을 머릿속에서 계속 되풀이한다. 이는 동작을 수행하는 순간에 주

의력을 높여주기 때문이다. 당신도 그런 것을 해보라. 다음번에 당신이 예정되어 있는 어떤 중요한 일(협상이든 대답이든 어떠한 결정적인 일이라도)을 준비해야 할 때 당신이 하고자 하는 일에 대해 미리 아주 자주 생각하고 순간의 감정 때문에 흐트러지는 일이 없도록 가능한 한 생각을 '착 달라붙게' 만들어라. 반복을 거듭하면 생각이 당신에게 동화되어 더 이상 떠올리려 애쓰지 않아도 생각이 계속해서 당신과 함께 있게 된다.

4 최근에 화가 나서 제정신이 아니었던 순간을 떠올려보라. 그 분노는 정당한 것이었나? 두려움을 갖거나 슬픔을 느끼는 것이 적합한 일이듯이 화를 내는 것은 때로 적합하고 완전히 합리적인 일이다. 그러나 올바른 상황에서 정당한 이유로 이런 감정을 느낀다는 조건 아래에서만 그렇다. 신중함을 발휘한다는 것은 적절한 때에 울거나 소리치는 것을 자제하는 것은 분명 아니다. 그러니 당신이 가

끔 분노를 느끼더라도 죄의식을 갖지는 마라. 스님이 될 게 아니라면!

IV

내다보기

절도의 이상을 겨냥하라

아리스토텔레스 윤리학의 전제는 사람은 누구나 탁월함에 대한 욕망을 갖고 있다는 확신 위에 서 있다. 우리가 바라는 대로 자기를 실현하는 데 실패할 때마다 쾌락을 추구하도록 부추기는 것은 바로 좌절된 이 욕망이다. 최선을 다하고 빛을 발하고, 성공하고 정점에 도달하는 것, 이런 것이 우리 모두가 소망하는 것이다. 아리스토텔레스는 그런 열망을 오만이라고 비난하기는커녕 그와 반대로 완전히 쏟아부으라고 우리에게 권유한다. 더욱 좋은 것은 그가 우리에게 거기에 다다르는 방법을 제시하고 있다는 사실이다.

이는 아리스토텔레스에게 문제가 되는 것은 합리적인 태도를 취하는 법을 배우는 것이 아니라는 말이다. 만일 이른바 합리적인 태도를 우리가 가지고 있는 것에 만족하면서 얌전히 지금 상태로 남아 있는 것으로 이해한다면 말이다. 탁월함을 포기하는 것은 자신에게 잠재되어 있는 능력과 조건이 보잘것없음을 아쉽지만 받아들이고 우리 자신을 포기하는 방식이 될 것이다. 아리스토텔레스의 필치에는 겸손함에 대한 어떠한 호소도 없다. 행복이 탁월성 안에 있는 것이라면, 그때는 저마다 각자 그것을 요구할 권리가 있는 것이다. 설령 적은 사람만이 뽑힌다고 하더라도 부름은 모두가 받은 것이다.

하지만 역설적이게도 아리스토텔레스는 이 탁월성의 이상을 계속해서 절도라는 이상으로 표현한다. 일견 모순되는 주장 같아 놀랄 수도 있겠다. 절도 혹은 중간이라는 생각은 실제로 종종 어떤 미온적인 태도를 떠올리게 한다.

만약 사실이 그러하다면 우리는 이를 아주 실망스럽다고 평가해도 될 것이다. 하지만 어쨌든 생각해보자. 우리가 너무 관대할 수 있는가? 용기를 너무 발휘할 수 있는가? 지긋지긋하게 사랑할 수 있는가? 피아니스트가 연주를 너무 잘할까 봐, 운동선수가 지나치게 실력 발휘를 할까 봐, 여인이 너무 좋은 어머니가 될까 봐 걱정해야 하는가? 성 요한은 이렇게 말한다. 신은 미지근한 자들을 뱉어버리신다. 정말로 신이 옳다! 우리가 무엇을 하건 우리가 할 줄 아는 것에 한계를 그어서는 결코 안 된다. 좋은 것이라면 더 좋을 수도 있다. 그리고 더 좋은 것이라면 완벽할 수도 있다. 너무 어떻게 하게 될까 봐 두려워하는 자는 충분히 하는 방법도 갖지 못한다. 탁월성은 더 많은 탁월성을 향한 영원한 노력이다.

그러므로 절도를 발휘하라는 아리스토텔레스의 반복된 호소는 명백히 그런 방식으로 이해될 수 없다. 절도가 탁월함에 대한 우리의 이상을 구현하고 있는 것이라면, 그것은 틀림없이 다른 것을 의미하고 있는 것이다. 그러나 그것은 정확하게 무엇일까?

마치 줄타기 곡예사처럼 탁월하게

탁월성은 맥 빠진 타협과는 전혀 무관하다. 우리가 탁월함을 욕망할 때 그저 중간만 되기를 갈망하는 것은 우스운 일일 것이다. 결코 너무 탁월할 수는 없는 법이다! 이에 반해 탁월성이 어중간한 것을 참지 못한다고 해도 여전히 그것은 일종의 중간으로, 지나침과 모자람 사이에 놓여 있는 것으로 이해될 수 있다.

모자람 아니면 지나침?

우리가 말하는 방식이 때로는 우리를 오도하기도 한다. 마치 결점은 장점이 없는 것이라는 듯이 장점을 결점에 대립시키는 어법도 그러하다. 비겁함은 용기가 모자란 것이고, 인색함은 후함이 없음이고, 우둔함은 똑똑함의 결여라는 것은 맞는 말이기는 하다. 이렇게 하여 탁월성은 긍정적인 것인 반면 악덕은 부정적인 것으로 나타난다. 하지만 이런 피상적인 시각은 정확히 그런 식으로 나타나지는 않는 수많은 결점을 못 보고 지나친다. 엄밀하게 말해서 그것들은 모자람이 아니라 지나침이다.

굳이 헤아려보지 않아도 얼마나 많은 결점이 사실은 탁월성이 과하게 된 결과인가? 비겁함은 결점이지만 아무 싸움에나 앞뒤 안 가리고 달려드는 무모함이 더 낫다고 말할 수는 없다. 인색함은 결점이지만 돈을 물 쓰듯 하는 낭비벽이 더 권할 만한 것도 아니다. 우둔함은 결점이지만 거드름을 피게 만드는 거만함은 그에 못지않은 어리석음이다. 우리는 종종 어떻게 하기를 너무 바라던 나머지 아무것도 안 하기로 선택했을 때 못지않게 우스운 꼴이 되고 만다. 얌전함이 보기에도 딱한 심한 수줍음이 되고 경건함이 광신으로 변하고, 문예에 대한 사랑이 속물 교양이 되고 지나친 친절이 천한 아첨을 닮아간다.

"함께 삶을 통해서, 또 말과 행위를 서로 나눔으로써 이루어지는 교제에서, 즐거움을 위해 모든 것을 칭찬하고 반대는 절대로 하지 않으면서 누구를 만나든 괴로움을 주지 않는 사람이어야 한다고 생각하는 사람들은 '속없이 친해지려는 사람'들로 보인다."(『윤리학』, IV, 1126 b 12~14)

우리는 탁월성의 추구가 결점에 책임이 있기도 하다는 사실을 잊어버리는 경향이 있다. 많은 결점은 실제로는 상해버린 고귀한 열망이다. 탁월성이 행동하고 쉬지 않고 발전하는 경향이라면, 지나친 탁월성은 이런 경향이 돌처럼 굳어버린 것과 같다. 어떤 예술가가 자신에게 처음으로 성공을 안겨주었던 케케묵은 옛날 방법을 줄기차게 답습한다고 상상해보자. 언제나 똑같은 상투적인 수법을 쓰다 보니 지겨워진다. 그는 더 이상 행동하지 않는다. 그는 마치 탁월성에 대한 욕망이 단번에 모두 해결된 듯이 습관적으로 잘하게 된 일을 기계적으로 되풀이할 뿐이다. 이미 완벽한데 왜 더 잘하기를 바라겠는가? 이상하게도 그가 일을 지나치게 많이 한다면, 이는 그에게는 더 이상 일을 더 많이 할 야망이 없기 때문이다. 그는 확실한 자리를 보전하면서 꼼짝 않고 들어앉아 돈줄을 잡아서 정기적인 수입을 챙기고 있다. 아주 많은 악덕이 이런 모습을 하고 있다!

중간은 아주 개인적인 정점이다

탁월성은 정말로 어렵다! 결코 확보해둘 수 있는 자리가 아니다. 떨어질까 걱정하며 줄 위를 걸어가는 곡예사처럼 하고 있는 일에 언제나 주의를 기울여야 한다. 분별 있게 이치에 맞게 행동을 하려는 갈망을 결코 포기해서는 안 된다. 오늘의 탁월성이 내일의 악덕의 부엽토가 된다. 우리는 언제나 너무 조금 할 위험과 지나치게 많이 할 위험에 노출되어 있는 것이다. 만일 탁월성이 중간이라면, 그것은 단 하나뿐이다. 악덕이 모자람이기도 하고 지나침이기도 하다면, 그것은 여럿이다. 이쪽으로도 저쪽으로도 떨어지지 않는 것은 그러므로 한가로이 시골길을 걷는 일과는 전혀 다른 것이다.

> "이것이 바로 한편은 쉽고 다른 한편은 어려운 이유다. 즉 과녁을 빗맞히기는 쉽고 맞히기는 어려운 것이다. 따라서 이런 이유에서도 지나침과 모자람은 악덕에 속하며, 중용은 탁월성에 속하는 것이다. '고귀한 사람은 한 가지 방식으로만 고귀하지만, 나쁜 사람은 여러 가지 방식으로 나쁜 법이니.'"(『윤리학』, II, 1106 b 33~35)

자신을 어느 한쪽으로 기울어지게 만드는 저마다의 고유한 성향에서 벗어나야 하는 만큼 임무는 더욱 고되다. 아무것도 아닌 일에 겁을 먹는 사람에게 용기는 무모함의 모습을 띤다. 한쪽으로 기울어져 있기 때문에 자신의 평형점을 찾기 위해서는 다른 쪽에 무거운 추를 올려놓아야 한다. 겁쟁이에게는 무모함이 용기로 가는 길이 된다. 조그마한 위험 앞에서도 달아나려는 유혹을 느끼고 허풍스런 위협 앞에서 커다란 두려움에 사로잡혀 그는 과감하게 맞서야 하는 상황을 제대로 알아보지 못한다. 그러므로 다시 곧은 상태가 되려면 다른 쪽 방향으로 비틀려고 노력해야 하고 두려움에 사로잡히자마자 만용을 부리기로 결심해야 한다. 공포는 분별력을 잃게 하기에 최대한 그것을 저지하려고 노력해야 한다. 겁쟁이가 되는 것을 두려워하며 어떤 위험이건 간에 맞서야 한다는 말이다. 자신이 소심하다는 것을 알고 그것을 부끄러워하는 사람들은 이렇게 해서 지나친 과감함으로 지나친 두려움과 싸우는 것이다. 지표가 없기에 자신의 감정의 뒤틀림을 결정의 기준으로 이용해야 한다. "달아나고 싶은 느낌이 들자마자 네 자리를 지켜라!" 그들은 너무 조금 하는 경향이 있기 때문에 지나치게 많이 하는 법을 배워야 하는 것이다.

> "그리고 우리 자신들이 쉽게 기울어지는 것들에 대해서도 검토해야 할 것이다. 사람들은 저마다 다른 것으로 기울어지기 마련이니까. 이것은 우리를 둘러싼 즐거움과 고통으로부터 알 수 있을 것이다. 우리는 자신을 그 반대 방향으로 끌고 가야만 한다. 사람들이 비틀어진 나무를 곧게 펴려고 할 때 하는 것처럼 잘못을 범하는 것에서부터 멀리 떨어짐으로써 우리는 중간에 도달할 것이기 때문이다."(『윤리학』, II, 1109 b 1~7)

악덕과 탁월성의 척도

탁월성의 추구는 관점에 따라 다양한 평가를 끌어낼 수 있는 일종의 당구 게임과도 같다. 우리가 서 있는 위치에 따라 수많은 장점이 결점의 모습으로 나타나고, 많은 결점이 장점의 모습을 띤다. 어떤 바보라도 자신보다 더 바보스러운 사람을 찾을 수 있고, 그리하여 자신을 실제보다 더 똑똑하다고 평가할 수 있다. 척도가 없으니 누구나 저마다 다른 사람들의 결점을 자기 자신의 결점과 관련지어 평가하게 된다.

누구나 알고 있는 이런 사실 때문에 우리는 자신도 모르게 우스운 처지에 놓이게 된다. 우리는 다른 사람을 매정하다고 비난하는데, 그는 우리에게 자기는 솔직한 것이라고 주장한다. 우리는 다른 사람이 비겁하게 우리를 배신했다고 비난하는데, 그는 용기 있게 그렇게 했다고 자랑스러워한다. 남편이 보기에 재미있는 친구를 아내는 무례한 사람이라고 생각한다. 남편에게는 짜증나는 아내의 친구가 아내에게는 탁월성의 후광을 두르고 있는 모습으로 보인다. 나의 인생이라는 이 대하소설에 등장하는 나쁜 놈들(들들볶는 사장님, 거짓말쟁이 친구, 너무나 시끄러운 이웃)은 다른 소설에서는 착한 편이 된다. 솔직히 우리는 이 다른 소설에서는 우리가 못된 역할을 맡고 있다는 것을 알고 있다. 게으른 직원, 속 좁은 친구, 트집쟁이…….

"마치 균등한 것이 더 작은 것에 대해서는 더 크고 더 큰 것에 대해서는 더 작듯이, 그렇게 중간적인 품성상태는 감정에서나 행위에서나 모자라는 것에 비해서는 지나치지만 지나치는 것에 비해서는 모자라기 때문이다. 용감한 사람은 비겁한 사람에 비해서는 무모해 보이고 무모한 사람에 비해서는 비겁해 보이니까. (……) 이런 까닭에 양 극단에 있는 사람들은 중간에 있는 사람을 각기 반대쪽 극단으로 밀어내고, 비겁한 사람은 용감한 사람을 '무모한 사람'이라고 부르며 무모한 사람은 그를 '비겁한 사람'이라고 부르는 것이다. 다른 경우에도 유비적으로 그러하다."(『윤리학』, II, 1108 b 15~28)

이는 우리에게 탁월성과 악덕을 올바로 분간할 수 있게 해주는 척도가 정말로 부족하다는 것을 말해준다. 바로 이런 이유로 탁월성 있는 사람이 중간을 지키는 사람이라고 하는 것이다. 그는 절도 있는 사람일 뿐 아니라 악덕과 탁월성의 척도이기도 하다. 그리고 그가 절도 있는 사람인 이유는 그가 모자람과 지나침 사이의 중간을 차지하고 있기 때문이다. 그런 덕분에 그는 모자람과 지나침을 올바로 판단하기 위해 필요한 바로 그 자리를 차지하고 있는 것이다.

"그러므로 탁월성은 (……) 품성상태로 우리와 맺는 관계에서 성립하는 중용에 의존한다. 이 중용은 이성에 의해 실천적 지혜를 가진 사람이 규정할 그런 방식으로 규정된 것이다."(『윤리학』, II, 1107 a 1)

어떤 분야건 어떤 장점이나 능력을 평가하려면 자기 자신이 그 분야에 충분히 정통해야 한다. 그래서 우리가 초심자에게 판단을 맡기지 않고 전문가에게 판단 자격을 부여하는 것이다. 원칙적으로 정통한 사람은 전혀 모르는 사람보다 사물을 더 잘 평가할 줄 알고 정당한 가치로 측정할 줄 한다. 탁월성의 문제에서도 사정은 마찬가지다. 탁월성을 발휘할 줄 아는 사람이 다른 여느 사람보다 척도의 역할을 더 잘할 수 있다. 그러므로 탁월한 사람은 일종의 나침반인 것이다.

짚고 넘어가기

1 당신은 때로 일을 너무 대충 한다고 비난을 받는가? 이는 당신이 하고 있는 일에 별로 관심이 없다는 것이다. 요컨대 당신에게는 동기가 부족하다. 당신이 어떤 일을 해내야 한다면 상여금과 같은 외부의 보상에서 동기를 부여받기를 기대하지 마라. 동기를 찾아야 하는 사람은, 그리고 무엇보다도 오로지 당신 자신을 위한 동기를 찾아야 하는 사람은 당신이다. 전혀 하고 싶은 생각도 없는데 도무지 피할 수도 없는 작업을 날마다 억지로 해야 하는 것은 정말이지 벌로 숙제를 해야 하는 경우와 같다! 이런 종류에 해당하는 업무를 떠올려보라. 이런 상황에서는 당신이 즐거이 탁월성을 발휘할 수 있는 계기가 될 만한 것이 전혀 없지 않은가?

2 반대로 당신은 때로 일을 지나치게 한다고 비난을 받는가? 그런 경우에 당신은 지나치게 열심히 하는 잘못을 하고 있는 것이다. 너무 잘하려고 하다 보면 실제로 할 수 있

는 것보다 훨씬 못하게 되는 결과를 낳는 경우가 자주 생긴다. 시험을 준비하는 학생이 멋지게 합격하려는 야심 때문에 실패하는 경우도 가끔 있다. 보기에 딱한 일이다. 좀더 소박한 야심을 가졌다면 크게 고생하지 않고 확실히 합격했을 텐데 말이다. 당신은 어떤가? 그저 잘하려고 노력하기보다 최고가 되기를 바라는 경향이 있지는 않은가? 절도를 지키는 것, 이는 자신이 할 수 있는 것이 어느 정도인지를 분명하게 평가하는 것이기도 하다. 물론 우리는 언제나 더 잘하려는 열망을 가져야 하겠지만 그 열망만큼 능력도 가지고 있어야 한다.

3 일을 할 때 당신은 언제 가장 능력을 잘 발휘하는지 말할 수 있겠는가? 아침인가, 아니면 저녁인가? 아주 조용한 것이 좋은가, 아니면 반대로 조금 활발한 분위기가 좋은가? 무엇보다도 시간이 얼마나 지나면 주의력이 줄어드는 느낌이 드는가? 악착같이 붙어 있으면 오히려 역효과

가 나는 때는 언제인가? 이번 주에는 당신의 리듬에 주의를 기울여보라. 피로 때문에 더 복잡해진 문제에 열을 내며 보낸 시간이 얼마나 많은지! 오 분만 머리를 식히고 나면 해결할 수 있었을 텐데 말이다. 멈춰야 할 때 멈출 줄 아는 것도 엄청난 노력을 필요로 하는 일이다.

4 앞으로는 당신의 일 가운데 가장 진지한 일에서 자조自嘲의 능력을 유지하려고 시도해보라. 어떻게? 당신의 태도에서 지나치게 두드러진 것에 주의를 기울여보라. 같은 말을 반복한다든가 너무 강한 표정을 짓는다든가 과장된 몸짓을 한다든가……. 당신 자신을 흉내 내보면 어떤 모습일지를 상상해보라. 필요한 경우에는 왕이 어릿광대에게 도움을 구하듯 놀리는 재주가 있는 사람의 힘을 빌려보라. 자신을 두고 웃을 수 있는 능력을 발휘하면 문제의 재검토에 도움이 되는 어떤 신선함과 유연성을 보존할 수 있다. 이는 웃음거리가 되는 것을 막아주기도 한다. 결코

농담을 하지 않는 사람들이 엄숙하게 점잔빼는 태도는 그 자체로 이미 충분히 우스꽝스러운 모습이다.

어린 시절 영웅의 발자취를 따라

절도는 심미적인 이상이기도 하다. 우리는 탁월성을 보면, 따라하고 싶은 스타일을 보았을 때처럼 감탄을 불러일으키는 어떤 감정을 느낀다. 아이에게 훌륭한 행동의 기초를 가르치는 데 행실의 아름다움으로 열광을 불러일으키는 것만큼 좋은 방법이 또 있을까?

심미적 이상의 이름으로

그리스인들은 아름다움과 좋음의 결속을 가리키는 표현을 가지고 있었다. '칼로스 아가토스kalos agathos', 글자 그대로 '아름답고 좋은'이란 뜻이다. 틀림없이 윤리적인 정열은 심미적인 정열이기도 하다!

우리가 가장 감탄하는 행동이나 감정은 언제나 심미적인 말투로 평가된다. "사랑, 멋진 일이지!" "정말 멋진 한방이었어!" "멋있는 플레이" 등등. 이런 심미적 감정을 느끼려면 관람자의 입장을 취해야 하는데, 이는 자신이 사랑하는 사람들의 성공을 보면서 즐거움을 느낄 때 우리가 갖는 것과 똑같은 느낌이다. 부모가 자식의 성공을 아주 쉽게 자신의 성공으로 여기듯, 그들은 우리와 가까운 사람이기에 그들의 성공은 우리의 성공이기도 하다. 그러나 그들은 우리가 아니기에 우리는 또한 그 광경의 아름다움을 더 쉽게 즐길 수 있다. 그러므로 자기 자신의 탁월성을 느끼는 즐거움("얘가 우리 아들이야!")에 남의 탁월성을 보면서 느끼는 감정("잘한다!")이 더해지는 것이다.

> "만일 행복하다는 것이 삶과 활동 속에서 성립하고, 처음에 이야기한 것과 같이 좋은 사람의 활동이 신실하며, 그래서 그 자체로 즐거운 것이라면, 또 자기에게 고유한 것도 즐거운 것에 속한다면, 그런데 우리들은 자신들을 볼 때보다 가까운 사람들을 볼 때 더 잘 볼 수 있다면, 또 친구로서 신실한 사람들의 행위가 좋은 사람들에게 즐거움을 준다면, (이 행위들은 본성상 즐거운 두 가지 속성을 다 가지고 있으니까) 지극히 복된 사람은 이런 친구들을 필요로 할 것이다."(『윤리학』, IX, 1169 b 31~35)

우리는 자기 자신에 대해서도 이런 관람자의 입장을 취하는 법을 배울 수 있다. 아리스토텔레스는 탁월한 사람은 심미적 이상의 이름으로 행동한다고 거듭 말한다. 용기 있는 사람이 위험에 맞서는 것은 그것이 아름답기 때문이다. 후한 사람이 받기보다는 주기를 더 좋아하는 것은 자신의 눈에 주는 일이 더 품격 있어 보이기 때문이다. 대범한 사람이 작은 이익을 꺼리는 것은 그렇게 작은 것 때문에 비굴해지는 것은 추한 일이라고 생각하기 때문이다. 마치 아름다움에 대한 감정이 탁월성의 열망에 길 안내를 하는 듯이, 탁월성의 추구가 자신의 삶을 가지고 오래도록 남게 될 예술작품을 빚으려는 의지이기도 하다는 듯이 말이다.

탁월한 사람의 특별한 아름다움

당연한 일이지만 탁월성이 아름다운 것은 그것이 바로 절도를 구현하고 있기 때문이다. 우리가 가장 감동적이라고 생각하는 예술작품은 우리의 눈에 가장 '자연스럽게' 보이는 것이다. 그런 작품은 예술가의 외적인 협력이나 개입 없이 스스로 존립하는 인상을 준다. 만일 거기에서 무언가를 빼면 환상은 단번에 무너져버린다. 거기에 뭔가를 보태면 기교가 튄다. 완벽한 중간, 넘치지도 모자라지도 않는다!

> "바로 이런 이유에서 사람들은 잘 만들어진 작품에 대해 더 이상 빼거나 보탤 수도 없다고 말하곤 한다. 지나침과 모자람이 그 작품의 잘됨을 손상시키지만, 그 중용은 그것을 보전하는 것으로 생각하면서."(『윤리학』, II, 1106 b 9~11)

반대로 혐오감을 주는 예술작품은 성공적인 환상의 조건을 갖추지 못한 작품이다. 조물주의 손이 너무 들어가서 작품이 제대로 서지 못하고 뭔가 삐걱거리는 데가 있다. 추상화 작품에서 구성의 균형을 어지럽히는 한 줄의 색, 음악회에서 우리를 갑자기 밀어내는 듣기 싫은 불협화음 하나, 한창 영화를 보고 있는데 화면에 비친 녹음 기사의 그림자……. 이 모든 것은 '지나치게' 그렇거나(통속적이고, 과장되고, 거칠고, 환심을 끌고, 노골적이고……) '너무 조금' 그렇다(정교하고, 우아하고, 경쾌하고, 견고하고……). 이 모든 경우에서 심미적 완성은 '지나치지도 모자라지도 않게'라는 이상을 충족시키는 것처럼 보인다.

이는 심미적 완성이 탁월성은 아름답다는 이상을 훌륭하게 구현하고 있기 때문이다. 탁월한 사람에게 그를 아주 쉽게 알아볼 수 있게 하는 이런 묘한 아름다움이 있는 까닭은 다른 어느 누구보다도 그가 절도의 모델이기 때문이다.

슈퍼히어로를 본받아

기독교의 시대가 되고 나서부터 우리는 도덕을 법에 복종하는 것처럼 생각하는 데 익숙해져왔다. 신법이든 자연법이든 인간 법이든 중요하지 않다! 중요한 것은 탁월성이란 우리가 해야 할 일을 명하는 이런 규범을 준수하는 것이라고 은연중에 전제한다는 것이다. 그러니까 탁월성은 우리가 받아들이거나 정한 어떤 법을 따르는 일일 것이라는 생각이다. 우리는 가난한 사람에게 돈을 줄 때도 그렇지만 법을 따르는 데에서도 즐거움을 느낄 수 있다. 아니면 반대로 물에 빠진 사람을 구하려고 물에 뛰어들 때처럼 그것을 힘든 일이라고 판단할 수도 있다. 하지만 근본적으로는 우리가 즐거움을 느끼느냐 아니냐 하는 것은 여기에서 중요하지 않다. 핵심은 탁월하게 처신하는 것은 무엇보다도 자신의 의무를 완수하는 것이라는 생각이다.

사실 이런 생각은 우리 모두가 어린 시절에 했던 경험의 권위에 기대고 있다. 어린아이는 부모한테서 상당히 많은 규칙을 배우고 그것을 준수함으로써 사회의 일원으로 받아들여진다. 그러므로 겉으로 봐서는 도덕은 이렇게 법이라는 형태로 우리 삶 속에 들어오는 것이다. 그러나 겉보기로만 그렇다. 이런 명령은 오히려 금지의 형식을 띠고 있기 때문이다. 그래서 아이에게 원해야 하는 것을 가르치기보다는 원하지 말아야 하는 것을 가르친다("이거 하지 마, 저거 하지 마"). 아이에게 한계를 정해 주고 오로지 사회적인 기능을 가진 태도를 부여한다. "엄마, 아빠 말씀 잘 듣고, 못된 짓 하지 말고, 동생을 돌봐주고……." 이런 법은 그러니까 개인의 이기적인 경향에 맞서 사회의 안정을 보장하려는 것이다. 그것은 우리가 저지를 수 있는 악으로부터 다른 사람들을 보호하는 것을 목표로 한다. 요컨대 법은 우리가 더불어 살아가는 사람들을 대할 때 지녀야 하는 공손과 예의를 구현한 것이다.

그러나 예의는 도덕이 아니다! 그리고 어린아이의 삶에서 도덕이 생겨나는 것은 분명히 이런 형태로는 아니다. 그러면 어떻게 해서일까? 모방의 의지에 의해서다!

> "모방하기는 인간이 어릴 때부터 타고난 것이며, 더없이 모방적이고 배움을 시작하는 것도 모방을 통해서라는 점에서 인간은 여느 동물과는 다르다."(『시학』, 1448 b 5~8)

이렇게 소년은 자신의 영웅의 모습을 재연하느라 시간을 다 보낸다. 조로, 슈퍼맨, 달타냥 등등……. 아빠 또한 아이가 존경하는 영웅이니 아이는 아빠의 행동을 따라하려고 시도한다. 그는 자신의 영웅이 정말 멋지다고 생각하기에 그처럼 되고 싶고 그처럼 행동하고 싶어 한다. 그러므로 아이는 어떤 법에 대한 관계보다는 오히려 어떤 사람에게 경도된 관계에 의해서 탁월성을 수련한다. 그는 복종하는 것이 아니라 할 수 있는 한 모방하는 것이다. 무엇을 해야 할지 생각할 때 아이는 법에 조언을 구하려 하지 않고 자신에게 이렇게 묻는다. "그가 내 입장이면 어떻게 할까?"

탁월성의 원동력은 우리가 준수해야 하는 이름 없는 법이 아니라 우리가 모방하고 싶어 하는 영웅이다. '의무'도 '복종'도 전혀 없다. 공손함은 잊어라! 탁월성은 우리의 눈에 뛰어남과 아름다움의 모델로 나타나는 이에게 필적하려는 열망이다. 그것은 정복의 기백과 열정이 넘치는 신나는 것이다. 이는 우리가 자기도 모르게 영화나 소설의 인물과 자신을 동일시할 때 느끼는 것과 똑같은 열정이다.

그러므로 아리스토텔레스가 이런 완성의 모델이라고 말하는 실천적으로 지혜로운 사람은 연구실에 틀어박힌 현자와는 전혀 다르다. 그는 어린 시절 우리가 선망한 영웅을 훨씬 더 많이 닮았다. 규칙을 부과하는 자가 아니라 우리의 규칙이 되는 자이다. "만일 그가 나라면 그는 어떻게 행동할까?" 부디 우리의 모델이 되는 사람에게 필적하고 싶게 만드는 이런 감탄의 능력을 우리가 온전히 간직하게 되기를.

짚고 넘어가기

1 이른바 탁월한 행동이나 작품을 직접 대했을 때 당신은 처음에 어떤 반응을 보이는가? 호락호락 넘어가지 않겠다며 의심스럽다는 듯이 시큰둥한 표정을 짓는가("아주 굉장한 건 아니군. 나도 그 정도는 할 수 있겠네!") 아니면 반대로 진심으로 감탄을 하는 편인가? 위대한 예술작품이라는 평을 접하고 봤더니 당황스럽기만 할 때 당신은 거부 반응을 일으키는가("말도 안 되는 낙서잖아! 이 음악 못 들어주겠다!") 아니면 반대로 겸손하게 인정을 하고 이해하려는 편인가? 요컨대 당신은 모든 것을 자신의 탁월함의 수준에 따라서 판단하는 버릇이 있는가, 아니면 자신의 탁월함을 그것을 뛰어넘는 것에 따라서 판단하는 쪽인가? 흔히 생각하는 것과는 반대로 자신보다 더 나은 것을 겸손하게 인정할 때 우리는 결코 더 낮아지는 것이 아니다! 심지어 그 명성이 부당하게 얻어진 것이라고 할지라도 말이다. 반대로 우리는 이해하고 싶어 하고 거기에 필적하길 바라면서 더 높아지는 것이다.

2 당신은 행복을 찾으면서 아마도 인생에서 자신이 닮기를 바라는 모델을 찾게 될 것이다. 어떤 사람들은 우리가 열망하는 성공의 완성을 다른 이들보다 더 잘 구현하고 있다. 시합에서 한 번도 진 적이 없는 챔피언, 작은 차고에서 사업을 시작해 마침내 수많은 자회사를 거느린 기업을 운영하게 된 사업가, 기존의 관습을 깨뜨릴 줄 알았던 예술가, 굴복하지 않고 죽어간 위대한 전사……. 어릴 적 당신의 모델은, 침실 벽에 초상화를 빼곡히 붙여놓았던 그 모델은 아마도 어느새 망각 속에 빠져 있을 것이다. 당신은 오늘 그 자리를 차지하고 있는 어렴풋한 그림자에 이름을 주거나 형체를 부여할 수 있겠는가?

3 그런 모델을 대할 때 당신은 어떤 태도를 취하는가? 그들이 당신을 압도해서 당신과 그들 사이에는 뛰어넘을 수 없는 거리가 있다는 생각을 끊임없이 떠올리게 되는가, 아니면 반대로 당신을 자극하여 열정을 불어넣는가? 어

떤 경우에는 당신은 자신이 마치 그들이기라도 한 듯이 행동하기를 원하기 때문에 그들의 뛰어남이 당신을 괴롭힌다. 그러나 당신은 그들이 아니기 때문에 당신이 할 수 있는 최선을 다해봤자 고작 그들이 지닌 위대함의 우스꽝스러운 모조품이 될 뿐이며, 대놓고 말해 기분이나 내는 셸린, 취미로 그리는 피카소, 용쓰는 모차르트와 같이 여겨질 것이다. 반면 다른 경우에는 그들이 마치 당신 자신인 것처럼 행동하기를 원하기 때문에 모델의 뛰어남이 당신을 자극한다. 당신은 "내가 그라면 나는 어떻게 행동해야 할까?"라고 말하는 대신에 자신에게 이렇게 묻는다. "그가 나라면 어떻게 할까?"

4 다음번에 어려운 결정을 내려야 할 때에는 심미적인 기준을 덧붙이도록 해보라. 예를 들어서 진실성이 의심스러운 친구를 보호하기 위해 거짓말을 하기로 결정해야 하는지를 알기 어려운 때가 있다. 우리가 그를 배신했다고 친구

가 원망할 수도 있기 때문에 올바른 결정을 내리기가 어렵다. 어떻게 하는 쪽이 올바른지를 모르겠다면 당신의 결정이 '심미적으로' 올바른지를 느껴보라. 마땅히 받아들여야 하는 어떤 진실을 알지 못해서 어떤 이가 당신이 보는 앞에서 자신을 우스운 꼴로 만들도록 가만히 내버려두는 것은 참으로 추한 일이다. 반대로 다른 상황에서는 털어버리고 싶은 비밀을 혼자서 감수하는 것이 더 아름다워 보인다. 상황과 분위기가 관건이다!

인간, 이 이성적인 동물

끝으로 중간의 이상은 무엇보다 이성의 이상이다. 라틴어로 '라티오ratio'는 측정, 비율을 뜻한다. 이성은 이름을 아주 제대로 붙인 셈이다!

이성은 인간의 종적인 차이다

인간을 '이성적인* 동물'이라고 단언하는 것은 한쪽은 동물적이고 다른 쪽은 이성적이라는 이중의 본성이 인간에게 있다는 말을 하려는 것은 아니다. 그런데도 인간의 본성에 대한 이런 이중의 시각은 아주 널리 퍼져 있다. 별다른 이유 없이도 우리

* 추론을 하고 개념을 만들고, 모든 일을 이성에 따라서 한다는 것이다.

는 은연중에 그런 시각에 동의하는 경향이 있다. 짐승처럼 원초적 본능에 충동되어 억누르지 못하고 행동하는 경향을 우리 안에서 느껴본 적이 얼마나 많던가? 야만적인 충동이 격렬하게 끓어오르는 것을 느낄 때 우리는 이성이 어느 정도로 연약한지를 헤아릴 수 있다. 제정신을 잃는 것보다 더 쉬운 일은 없다! 사람으로 행동한다는 것은 그러므로 결코 완전히 확보해둘 수 없는 만만찮게 까다로운 일처럼 보인다. 인간성이라는 것은 받아들여야 하는 조건이라기보다는 오히려 우리가 계속적으로 다시 떠맡아야 할 임무와 같은 것이다. 짐승이 되는 일이 그토록 흔한데, 우리가 인간이라고 도대체 확신할 수 있는가?

멀리 떨어져서 보면 인간의 본성을 이런 식으로 생각하는 것은 만족스럽게 보일 수 있을 것이다. 그러나 가까이에서 보면 이는 희화화라는 것이 드러난다. 이성은 우리의 동물적인 본성에 덧붙여놓은 어떤 능력 같은 것이 아니기 때문이다. 이성은 정말로 우리의 본성이다. '합리적인' 모습을 보이는 것이 어렵다는 것은 인정하자. 우리가 그 말로 우리의 이성을 바르게 사용한다는 사실을 의미한다면 말이다. 반면 '이성적인' 모습을 보이는 것, 즉 이성을 사용하는 것은 엄밀히 말해 우리가 피할 수 없는 필연적인 일이다. 당연한 일이지만 이성적임은 인간의 두드러진 표지, 인간의 종적인 차이다. 그러므로 언어 능력을 버릴 수 없는 만큼 이런 이성적인 능력도 없앨 수 없는 것이다. 우리가 아무리 쫓아버리려 한다 해도 이성은 우리에게 스며들어 있다. 그러므로 원하건 원치 않건 우리는 이성적으로 행동하고 있는 것이다. 이는 선택이 아니라 본성의 필연이다.

개념을 만들어내는 능력

우리는 자주 잘못의 책임을 야만성에 돌리지만, 그것이 극복할 수 없는 동물성이 우리 안에 잔류해 있음을 의미하지는 않는다. 아리스토텔레스는 어떤 동물도 본성에 의해서 무절제한 모습을 보이지는 않는다고 말한다. 동물은 필요한 것 이상으로 욕망할 수 없다. 결핍이 충족되면 욕망은 멈추고, 동물은 그 이상으로 쾌락을 연장할 생각을 하지 않는다. 이 경우 동물은 개념을 만드는 능력이 없다. 개념은 정신적 표상에서 모든 감각적인 외양을 떼어내는 '추상'이라고 부르는 정신 작용의 결과물이다. 이해하기 아주 어려운 말은 아니다. 개념 또는 관념은 이미지에 반대되는 말이라고 생각하면 된다.

당신이 바라보는 어떤 기하학적인 그림에서 세 변과 세 각으로 된 어떤 대상이 보인다고 하자. 이는 누가 당신에게 삼각형 하나를 생각해보라고 하면 당신이 곧바로 보게 되는 그런 대상이다. 그러나 당신의 생각을 뒷받침해주는 데 쓰이는 이런 개별적인 이미지 너머로 어떠한 특정한 형태도 없는 훨씬 더 일반적인 대상을 머릿속에 떠올릴 수 있다. 그러므로 특정한 삼각형이 아니라 일반적인 삼각형은 이 삼각형도 저 삼각형도 아닌 삼각형의 개념, 즉 세 변과 세 각을 가진 평면 도형이다.

> "지성은 추상적이라고 말해지는 것들을 마치 납작코에 대해 생각하듯이 생각한다. 납작코라고 할 때에는 떨어뜨려 생각하지 않는데, 누가 실제로 오목하다고 생각할 때에는 오목함이 있는 곳에 살이 없는 것이라고 생각할 것이다. 이런 식으로 수학적인 대상이 떨어져 있지 않은데도 떨어뜨려 생각하는 것이다."
> (『영혼론』, III, 7, 431 b 12~17)

그런데 동물에게는 개념을 만들 수 있는 이런 이성적인 능력이 결여되어 있기 때문에 즐거움을 그 자체를 위해서 추구할 수 있는 능력도 없다. '즐거움'이라는 개념을 사용하지 않는 한에는 즐거움을 탐닉한다는 것은 거의 생각조차 할 수 없는 일이다. 즐거움의 개념이 없기에 즐거움 자체를 추구할 수 없고 특정한 모습으로 나타나는 즐거움의 대상만을 추구할 뿐이다. 반대로 인간에게서는 즐거움의 대상이 향락의 과도한 추구를 충족시키는 기회가 될 수 있다. 즐거움을 주는 대상의 이미지를 넘어 인간은 '즐거움'이라고 불리는 어떤 개념을, 어떤 특정한 대상에도 이어져 있지 않은 개념을 추구하는 능력도 갖고 있다.

"이런 까닭에 동물들은 자제력 없는 것과 상관이 없다. 그들은 보편적인 믿음을 가지고 있지 않고 개별적인 것에 대한 감각상과 기억만을 갖고 있기 때문이다."(『윤리학』, VII, 1147 b 4~5)

아주 다양한 욕망

관념을 만들어낼 수 있는 이런 능력을 통해 우리의 욕망이 놀랍도록 다양하다는 것을 이해할 수 있게 된다. 개구리가 옆을 지나가는 모기에게 혀를 내밀 때 개구리가 그 모기에게 무슨 개인적인 원한 같은 게 있어서 그러는 것이 아니다. 날아다니는 작고 까만 모기가 그저 개구리의 표준적인 먹이의 심적 표상에 맞아떨어져서 그런 것뿐이다. 모기는 불행히도 그에 딱 들어맞는 몸을 갖고 있었던 것이다. 그러나 이런 심적 표상은 도식적인 이미지에 지나지 않는다. 개구리는 체계를 크게 벗어날 수 없다. 다른 개구리와 똑같은 이유로 도식에 의해 정해진 선 안에서 머물러야만 한다. 간단히 말해서 개구리가 자기가 앉아 있던 연꽃에게 별안간 들이댄다는 것은 거의 있을 법하지 않은 일이다.

음식 체계가 어떤 이미지에 상응하는 대신 개념에 상응할 때에는 모든 것이 달라진다. 예를 들어 당신이 채소를 먹고 싶어 한다면 '채소' 부류의 어떤 대상이라도 당신을 만족시킬 수 있다. 형체가 서로 닮은 대상을 찾아야 하는 필요성에 의해 제한되지는 않는다. 겉모양으로 봐서는 당근과 양배추와 완두콩 사이에는 어떠한 공통점도 없다. 그러나 개념적인 시각에서는 이것들은 다 채소이다. 그리하여 채소를 먹고 싶다는 이 욕망을 구체적으로 실현하는 일이 채소마다 서로 아주 다른 형태를 띠게 될 정도다.

"말이 느끼는 즐거움, 개가 느끼는 즐거움, 인간이 느끼는 즐거움이 각각 다르며, 헤라클레이토스가 이야기한 것처럼 나귀는 황금이 아니라 여물을 선택할 것이기 때문이다. 나귀에게는 황금보다 먹을거리가 더 즐거운 것이니까. 따라서 종류가 다른 동물들의 즐거움은 그 종류에 따라 다르고, 같은 종에 속하는 동물들의 즐거움은 다르지 않다는 것이 사리에 맞을 것이다. 그러나 적어도 인간의 경우에는 다양한 즐거움 간에 적지 않은 차이가 있다."(『윤리학』, X, 1176 a 6~10)

끊임없는 추론

이성이 우리에게 가하는 영향력은 여기에서 그치지 않는다. 개념을 만드는 것에 그치지 않고, 우리는 개념을 다루고 서로 결합시키는 능력 또한 갖고 있다. 이를 '추론하기'라고 부른다. 우리는 이 추론의 능력이 있느냐 없느냐로 인간인지 아닌지를 식별할 수 있다. 여기에서도 다시금 우리에게는 선택의 여지가 없다. 추론을 잘하거나 못하는 것, 올바르게 하거나 올바르지 않게 하는 것이야 우리에게 달려 있다고 해도 추론하기를 잊어버릴 자유는 우리에게 없다.

우리가 앞서 말했듯이 가장 충동적인 욕망조차도 지적인 정당화를 찾아서 그 욕망을 만족시키는 권리를 부여하는 일을 빠뜨릴 수 없다.* 판단력을 잃고 난폭한 행동에 빠져든 사람도 그 폭력을 정당하게 해주는 이유를 언제나 필요로 한다. 반면 동물에게는 본능을 따르는 이유를 찾을 필요가 없다. 가젤을 잡아먹는 사자는 자신이 자연의 위대한 법칙을 수행하고 있다고 생각하지 않는다. 사자는 자신의 본성을 따르고 있을 뿐 그 이상은 아니다. 반대로 어떤 사람이 피의 욕구를 만족시키기 위해서 자연의 법칙을 내세울 때 그는 이데올로기를 퍼뜨리는 자가 된다. 자연의 포식자는 먹이에게 나쁘다고 비난하면서 먹이를 괴롭힐 필요가 없다. 그러나 인간에게서는 반대다. 가해자는 희생자

* 3부의 '이성이라는 보호막'을 참고.

가 악해서 그런 거라고 생각하고 있기에 가해자가 저지르는 악은 언제나 배가 된다. 우리가 때리는 자는 사악한 적이고 제거되어야 하는 해충이다. 분명하다.

굳이 되새길 필요가 있을까? 삶 자체는 논리적으로 긴밀하게 연결된 건축물과 같아서 그 속에는 수단이 목적을 위해 놓여 있고, 목적 자체는 선호도에 따라서 줄곧 위계를 이루고 있다는 것을 말이다.* 무엇보다도 우리가 최고로 좋은 것을 추구하며 그것의 방패 아래에서 삶 전체를 유기적으로 조직하려고 애쓴다는 사실은 이성이 우리 삶에 지존의 지배력을 행사하고 있다는 증거가 된다. 우리는 결코 살아지는 대로 사는 것이 아니라 건축 프로젝트를 지휘하듯이 삶을 이끌어간다. 그리고 상황이 흘러가는 대로 내버려두기를 선택했을 때조차도 수동적 상태의 순진함을 되찾으려고 애쓰는 능동적인 결심에 의해서 그렇게 하는 것이다. 행복은 우리가 그것을 세우도록 강제하는 만큼이나 그것을 생각하도록 강제하는 등대다. 정말이지 인간은 이성적인 동물인 것이다!

* 1부의 '행복이라는 비극적인 야망'을 참고.

'올바른' 생각을 향하여

우리는 이성적으로 행동하도록 되어 있기에, 우리의 감정조차도 이성에 호소하기에 탁월성은 필연적으로 지성적인 성향의 문제가 될 것이다. 우리는 무엇이 각자의 탁월성이 될지에 대해서는 말할 수 없다. 그러나 저마다 사람인 이상 이성적인 동물이다. 그렇다면 적어도 모든 사람에게 관련된 탁월성이 하나는 있다. 가능한 한 가장 이성적으로 행동하기, 다시 말해 지적으로 가장 알맞은 방식으로 행동하기가 그것이다.

이런 이상을 설명하기 위해서 아리스토텔레스는 '올곧음' 또는 '올바름'이라는 용어를 쓴다. '올바른' 생각이란 무엇인가? 이론의 영역에 진리가 있다면 실천의 영역에서 그와 맞먹는 것이 바로 그것이다. 어떤 태도는 올바름의 요구를 만족시키는 만큼 더욱더 이성적이다. 이성적으로 행동한다는 것, 이는 알맞은 순간과 알맞은 관계를 맺고 우리가 처한 상황을 정확하게 재어보고 달아본다는 것이다.

"우리가 지금까지 다뤄온 모든 품성상태 안에는 (……) 어떤 과녁이 있어서 이성을 가지고 있는 사람은 이것을 바라보면서 죄거나 푼다. 즉 올바른 이성을 따르고 있기에 우리가 지나침과 모자람의 중간이라고 주장하는 중용의 상태에 일종의 기준이

있다는 것이다."(『윤리학』, VI, 1138 b 22~25)

실천적 지혜를 가진 사람, 완성의 모델

아리스토텔레스가 보기에 이런 이상을 실현한 사람이 바로 실천적 지혜를 가진 사람이다. 만일 중간이 언제나 이 '올바른 이성'을 표현하는 것이라면, 그때에는 우리의 탁월성 전체가 아리스토텔레스가 '실천적 지혜'라고 부르는 지적인 올바름의 요구에 좌우된다. 이 용어는 그리스어 '프로네시스phronēsis'를 번역한 말이다. 아리스토텔레스가 말하는 것에 더 충실하게 하기 위해서 다른 번역이 많이 제안되기도 하였다. 사실 '프로니모스phronimos'를 프랑스어로 'L'homme prudent'으로 옮기면 지나치게 조심하는 사람, 건방지지 않고 소심한 편인 사람을 떠올리게 된다. '명민한 사람', '현명한 사람', 아니면 '합리적인 사람' 쪽이 더 나을까? 어느 쪽도 프로네시스가 얼마나 사람을 열광시키는 이상인지를 제대로 드러내지 못한다. 안타까운 일이다.

"즉 지금도 모든 사람이 탁월성을 정의할 때면 그것이 어떤 품성상태인지, 어떤 대상들에 관련하는지를 이야기한 다음, 그것이 올바른 이성에 따른 품성상태라는 점을 덧붙인다는 것이다. 그런데 이때 올바르다는 것은 실천적 지혜에 따른 이성이라는 것을 말한다. 그렇다면 그들은 모두 실천적 지혜에 따르는 그런 종류의 품성상태가 어떤 의미의 탁월성인지에 대해 감을 잡고 있는 듯하다."(『윤리학』, VI, 1144 b 23~25)

실천적 지혜를 가진 사람에게 생각하는 일은 단순한 활동이 아니다. 이는 그의 존재 방식이 된다. 그는 합리적으로 생각을 하고 살아가는 사람이 아니라 합리적으로 생각을 하기에 살아가는 사람이다. 그의 정서적 성향이 활동을 강화해주고 계속해서 유지해주기에 생각이 망각되는 일이 없다.

"실천적 지혜가 단순히 이성을 동반한 품성상태인 것만은 아니다. 단순히 이성을 동반한 품성상태에는 망각이 있지만, 실천적 지혜에는 망각이 없다는 사실이 그 징표다."(『윤리학』, VI, 1140 b 29~30)

실천적 지혜는 감정적인 성향과 접목된 이성의 상태인 만큼 망각이 더욱 덜하다. 우리의 혼란스러운 감정에 저항하는 데 반복된 노력을 대가로 치르고서 획득한 정서적 성향보다 더 좋은 것이 무엇이겠는가? 바로 이것이 실천적 지혜이다. 그것은 우리의 자제력 없음에 대한 치료제 이상이다. 아리스토텔레스는 그 속에서 모든 탁월성의 종합을 본다. 합리적이면서 실천적 지혜를 가진 사람, 그가 탁월성의 이상이 아닐까? 인간을 바라보는 하나의 시각 전체가 이 확신 속에 결집되어 있다.

실천적 지혜를 가진 인간 프로니모스는 지식인이 아니고 명상가도 아니다. 진리 추구는 그의 문제가 아니다. 그는 행동의 인간이다. 그는 당신과 나처럼 언제나 한쪽을 택해서 결정을 내리지 않을 수 없는 일상적인 상황 속에 엮여 있는 사람이다. 아무것도 확실하지 않고 절도를 잃어버릴 유혹이 끝없이 위협하고 있는 이 구체적인 삶 속에 연루되어 있다는 바로 그 사실 때문에 그는 영광스러운 지위에 오를 자격이 있는 것이다. 어느 누구보다도 더 좋은 것은 그가 이성적인 동물이라는 우리의 사명을 가장 잘 실현하는 사람이기 때문에 가장 일반적인 모습으로 탁월성을 구현하고 있다는 것이다.

짚고 넘어가기

1 당신은 주로 어떤 사람과 다투게 되는가? 관심사도 고심도 전혀 공유하지 않은 사람과 다투게 되는가, 아니면 당신과 같은 편에 있는 사람, 그러니까 당신과 같은 가치를 표방하는 사람과 다투게 되는가? 두 명의 작가는 문학에 대한 사랑이라는 하나의 이름으로 진심으로 서로를 증오할 수 있다. 같은 편에 속한 두 정치인은 그들의 적수가 그러는 것보다도 더 진정으로 서로 미워할 수 있다. 왜 그런 것일까? 경쟁 관계에 있는 다른 이념을 표방하는 적수를 대할 때에는 하나의 이념을 독점하기 위해 싸울 필요를 전혀 느끼지 않기 때문이다. 그에 반해 문학에 대한 어떤 이념을 옹호하려고 하는 경우에는 자기만큼이나 그 이념에 대한 권리를 주장하는 사람과 승강이를 벌인다. 이념이 같지만 거기에 부여하는 내용이 아주 다르다. 이는 구체적으로 감지할 수 있는 표상과 연결되어 있지 않은 개념의 특권이기에, 저마다 서로를 신조를 저버린 배신자라고 비난하는 비극적이면서도 희극적인 싸움을 불러일으

키기 마련인 위험한 불확정성을 누리고 있는 것이다.

2 때로 당신은 아주 작은 행동에 대해서도 해명을 해야 하는 것에 지치는가? 그냥 하고 싶어서, 끌려서, 딱히 별 생각 없이 그랬다고 말하고 그칠 수 있다면 좋지 않을까? 예를 들어 바닷가에서 나체로 일광욕을 하고 싶다는 것을 정말로 정당화할 필요가 있을까? 하지만 별 생각 없이 행동하려는 이 욕망은 그래도 어떤 암묵적인 고려가 있음을 나타내는 것 아닐까? 곰곰이 생각해보라. 만일 당신이 모래 위에 그렇게 누워 있는데 처음 보는 사람이 와서 꾸짖는다고 하자. 당신이 보기에는 수치심이라고 하는 것에는 우리가 인정할 만한 가치가 없는 것 아닌가? 오히려 당신에게는 벌거벗은 몸이 문명이라는 거짓된 요란한 옷을 벗고 순진무구한 자연성과 맺는 관계를 회복하는 것으로 보이지 않는가? 요컨대 당신의 행동은 별 생각 없이 저절로 행해진 것이 아니다! 당신의 행동은 도덕과 자연과 문화

에 대한 일련의 일반적인 고려를 배경에 깔고 있는 것이다. 태양 아래에 벌거벗고 누워 있어도 당신 속에 잠자고 있는 철학자의 옷을 벗기는 것은 훨씬 더 어려워 보인다.

아리스토텔레스의 생애

아리스토텔레스가 소란스러운 아이였으리라고 상상하기는 참 힘들다. 우리는 그를 연륜과 지혜가 느껴지는 꼼꼼한 노인의 모습으로 그린다. 이런 회고적인 특권은 과거의 위대한 사상가들에게 영광만을 부여한다. 그들은 자라지도 않고 늙지도 않으며 일상생활의 소란에서 영원히 벗어나 있는 모습이다. 우리는 삶을 겪어야 하는 일을 면제해주는 호의를 그들에게 베풀고, 그들이 언제나 사색하는 것으로 만족해하리라 생각한다. 다른 한편으로 보면 그들이 사색을 하고 또 하고 영원히 계속한다면, 이는 그들을 따르는 사람들을 통해서 그런 것이다.

이런 사후의 운명을 아마도 아리스토텔레스는 마음에 들어하지 않았을 것이다. 그는 살아 있는 동안 온전히 이론적인 활동에 바친 삶을 꿈꾸었을 것이고, 앎의 이상이 시대의 소용돌이나 긴급한 일에 의해서 끊임없이 저지당하는 것에 괴로워했을 것이다. 그는 관조하는 삶이 신성한 상태를 유지하는 것이라고 생각했고 그것이 불가능한 만큼이나 끝없이 바랄 만한 것이라고 생각했다.

그러나 역사는 참으로 아이러니하다! 행동에서 끊임없이 벗어나고자 했고, 행동까지 가지 않고서 그래도 그것에 대한 이론을 세우기를 시도했던 한 사람 덕분에 우리가 행동에 대한 가장 경이로운 탐구를 얻게 되었다니 말이다. 그와 같은 성격의 사람에게서는 행동의 의무가 엄격하고 체계적인 해명을 요하는 진정한 문제가 되기에는 뭔가 꽤나 곤란한 면이 있었을 것이다.

기원전 384년에 마케도니아 지방의 스타게이로스에서 태어난 아리스토텔레스는 부모님을 아주 일찍 여의었다. 아버지 니코마코스는 마케도니아 왕이었던 아뮌타스 2세의 친구이자 시의였다. 실무보다는 이론을 중시한 편이었던 니코마코스는 여섯 권으로 된 의학 서적과 더불어 자연학 서적도 저술하였다. 이는 자식에게 앎에 대한 과도한 욕구를 불러일으키기에 모자람이 없었을 것이다. 겨우 열일곱 살 때에 플라톤의 아카데미아에서 교육을 받기 위해 아테네로 갔으니 젊은 아리스토텔레스에게는 강렬하면서도 몹시 조숙한 지적인 열망이 있었을 것이다. 그는 스승이 죽을 때까지 이십 년 동안 그곳에 머물렀는데 자신의 특출함을 아주 빨리 드러내지는 않았다.

전 시대에 걸쳐 가장 커다란 지적인 대결이 그 두 사람 사이에서 이루어졌다. 한쪽에는 이데아의 대가 플라톤이 있다. 그는 정치적 장래가 보장된 아테네의 유력한 가문의 일원으로서 그런 포부를 계속 강조했다. 이 카리스마 있는 인물은 자신의 사상을 아주 뛰어나게 포교했으며 말하기 기술과 더불어 사람을 끄는 재주까지 지니고 있었다. 다른 쪽에는 스타게이로스 사람인 아리스토텔레스가 있다. 그는 거류 외국인이라는 법적 지위 때문에 아테네의 일에 참여할 수 없었다. 그의 개성에 대해서는 거의 알려진 것이 없지만 이런 공백이 아마도 그가 아주 신중한 사람임을 보여주는 것 같다. 아카데미아의 구성원들은 그를 '읽는 자'라고 불렀는데, 그가 노예더러 책을 읽도록 시키지 않고 직접 책을 읽는 것을 좋아했기 때문이다. 플라톤이 만든 소규모 교사 그룹에서 그는 논리학과 수사학의 문제를 담당했다. 의심의 여지 없이 사색에는 익숙하지만 정치에는 서투른 학자형 인간! 플라톤이 죽고 난 뒤 그는 연거푸 두 차례나 아카데미아의 지도자 자리를 놓쳤다. 첫 번째로 346년에는 플라톤의 조카인 스페우시포스가 지도자가 되었고, 두 번째로 339년에는 그의 절친한 친구인 크세노크라테스가 지도자가 되었다.

그래도 아리스토텔레스는 금세 인정을 받았고 자신의 특별한 지적인 능력으로 두각을 나타냈다. 그런 지적인 인사가 친구들에게 어떤 인상을 주었을지 헤아려보고자 한다면 그의 글만

읽어봐도 충분히 알 수 있다. 아리스토텔레스는 어떤 문제에 착수하면 끝까지 가보기 전에는 결코 손을 놓지 않는다. 그는 문제를 모든 면에서 살펴보고 가능한 모든 대안을 검토하고 어떤 사항도 놓치지 않으려 해서 심지어 보는 이를 좀 지치게 하는 데다가 무시해도 될 법한 사정에 집착하는 것으로 보일 정도다. 이런 유형의 사람은 일단 시동이 걸리면 맞서기가 아주 힘들다. 아리스토텔레스에게는 뭔가 조세감독관 같은 데가 있다. 가장 위대한 이론도 생각해보지도 않고 충분히 엄밀하게 검토하지도 않았던 아주 작은 세부사항 하나 때문에 무너질 수 있다. 아리스토텔레스는 회계의 대가다. 그는 집계하고 분류하고 등급을 매기고 바닥까지 살펴보지 않고서는 송장 하나도 그냥 넘기지 않는다.

그의 이론적인 삶은 불행히도 아테네와 마케도니아 사이에서 커져가는 정치적 대결구도 때문에 방해를 받는다. 아리스토텔레스의 생애의 두 번째 국면은 그의 활동을 끊임없이 방해하는 갖가지 혼란스러운 사건 때문에 짐을 싸들고 이리저리 여행을 다니는 모습으로 그려진다. 플라톤이 죽고 나서 아테네인들이 자신에게 적대감을 보이는 것을 느끼고 아리스토텔레스는 두 동학(크세노크라테스와 테오프라스토스)과 함께 아타르네우스로 떠난다. 그는 거기에서 어릴 때 친구였던 헤르메이아스를 만나는데, 이 친구는 소아시아 연안에 있는 뮈시아 왕국의 참주가 되어 있었다. 알 수 없는 이유로 두 사람 사이의 관계는 급속하게 냉각되었고, 헤르메이아스는 자기 영토의 다른 쪽 끝에 있는 아소스의 작은 항구에 그 철학자들을 정착시켰다.

아리스토텔레스는 헤르메이아스가 페르시아의 포로로 잡혀 죽음을 당하기 전까지 삼 년 동안 그곳에서 머물렀다. 다시 떠나야 했던 그는 이제 친구 테오프라스토스의 고향인 레스보스섬의 뮈틸레네에 자리를 잡았다. 그곳에서 그는 행복하게 생물 조사와 해양 동물 연구에 매진하면서 2년을 보냈다. 또다시 시대의 물보라를 맞기 전까지.

필리포스 2세가 그를 마케도니아로 불러서 아리스토텔레스는 곧 세상을 정복하게 될 열세 살의 어린 왕자의 교육을 담당하게 되었다. 이렇게 가정교사로 보낸 시기에 대해, 그 후에 알렉산더 대왕이 스승과 유지했던 복잡한 관계에 대해 많은 일화가 전해진다. 전혀 놀라울 것은 없다. 역사상 그처럼 있을 법하지 않은 결합도 흔치 않으니 말이다. 그러니까 모든 시대에 걸쳐 가장 위대한 정복자가 모든 시대에 걸쳐 가장 위엄 있는 철학자, 아무도 그런 칭호를 받을 만하지 않기에 중세의 대학들이 간결하게 그냥 '철학자'라고 불렀던 바로 그 사람의 제자였으니 말이다.

알렉산더가 그리스 정복을 마치자 마침내 아리스토텔레스는 마케도니아 군대의 호위를 받으며 아테네로 갈 수 있었다. 49년 만이었다. 그의 친구인 안티파테르가 그리스의 통치자로 임명되었다. 이런 안정된 상황 덕분에 그는 12년 동안 다시 열심히 작업을 할 수 있었다. 그는 뤼케이오스 아폴론 신전의 경내에 자신의 학교 뤼케이온을 세웠다. 이 기관은 아리스토텔레스의 관할하에 모든 영역의 지식이 집결되고 편집되고 보관되고 집계되는 장소가 되었다.

그러나 323년에 알렉산더가 사망하자 아리스토텔레스는 데모스테네스의 반마케도니아 파에 의해 다시금 위협을 받게 되었다. 그는 신에게만 바쳐야 하는 찬가를 참주 헤르메이아스에게 바쳤다는 이유로 불경죄로 고소를 당했다. 신중하게도 아리스토텔레스는 다시금 아내와 아이를 데리고 함께 떠나기로 결정했다. 그는 어머니의 고향인 에우보이아의 칼키스로 피난을 떠났다. 그리고 62세의 나이로 죽기 전에 친구 안티파테르가 아테네의 반란을 진압했다는 소식을 들었다.

그의 사후에도 뤼케이온은 계속되었으며, 그의 가르침은 옮겨 적고 전해지고 또 여러 언어로 번역되어 마땅히 언급할 만한 또 다른 흥미진진한 무훈담의 대상이 되었다. 중세 후기에 서양 기독교가 아리스토텔레스의 사변적인 여러 저작을 재발견했을 때 이는 아랍의 위대한 철학자들의 중개를 통해 이루어진 것이었다. 예측 불능의 역사적인 상황에 의해 그렇게 되는 바람에 그토록 많은 문명이 그를 공유하게 된 것은 아리스토텔레스의 커다란 영광이다.

아리스토텔레스의 저서(실천 철학)

오늘날 우리가 알고 있는 아리스토텔레스의 저작은 대체로 불확실한 조합의 결과물이다. 우리에게 책의 형태로 남아 있는 문헌은 실제로는 여러 시대에 쓴 글이 혼합된 것이다. 잘 제시된 보고가 초고와 초안과 이어져 있고, 출판용 글과 구두 강의를 필사한 것이 붙어 있다. 여기에 분실된 모든 문헌, 그리고 모으고 자르고 덧붙이는 편집상의 수많은 선택 사항을 더해야 한다. 문헌학의 모든 수단을 이용해서 아리스토텔레스 저작에 일관성과 온전함을 부여하려는 진지한 비평 작업이 19세기부터 시작되었다.

L'Éthique à Nicomaque, R. Bodéüs, Flammarion, 2004(국역본: 『니코마코스 윤리학』, 이창우, 김재홍, 강상진 옮김, 길, 2011).

도덕철학의 걸작이다. 열 권으로 나뉘어 있으며, 권마다 개별

주제를 다루고 있는데 접근하기가 아주 쉽지는 않다.

L'Éthique à Eudème, V. Décarie, Vrin, 2007(국역본: 『에우데모스 윤리학』, 송유레 옮김, 한길사, 2012).

이 작품은 『니코마코스 윤리학』에서 발전시킨 여러 주제 가운데 핵심 내용을 일반적인 구성에 충실하게 다시 다루고 있다. 이 책은 너무 어렵지 않게 아리스토텔레스의 도덕 사상에 접근하기에 가장 좋은 길이 된다. 그의 모든 글과 마찬가지로 이 책에서 위대한 스타일을 발견하기를 기대해서는 안 된다. 아리스토텔레스는 전문적이기를 바라는 만큼이나 간명하기를 바란다. 그는 독자에게 즐거움을 주려고 애쓰지 않기 때문에 그의 글을 따라가다는 일이 때로는 지루하게 느껴질 수도 있다. 그는 그저 이해하고 이해시키고자 할 뿐이다.

*Invitation à la philosophie(Protreptique)*철학으로의 초대(권고), J. Follon, Folio, 2006.

분량이 많지 않은 이 글은 읽는 이를 매우 자극하며, 아마도 아리스토텔레스가 플라톤의 영향을 받았던 시기에 쓰인 듯하다. 이 글의 목적은 삶을 영위하는 데 철학이 유용함을 밝히면서 철학으로 전향하기를 촉구하는 것이다. 문체에 공을 많이 들인 글이기에 읽기에 아주 좋다.

*La Rhétorique*수사학, C. E. Ruelle, Le Livre de Poche, 1991.

이 작품은 듣는 사람을 설득하기 위해서 사용되는 방법을 다루고 있다. 사회생활에서 언제나 효력 있는 위대한 고전이다. 본문은 세 부분으로 나뉘어 있다. 설득할 줄 하는 것이 중요한 여러 영역에 대한 일반적인 고찰, 대중의 감정 상태를 호의적으로 만드는 가장 좋은 방식에 대한 심리학상의 중요한 고찰, 화술의 일반적인 문제.

*De l'âme*영혼에 대하여, E. Barbotin, Gallimard, 1989.

아주 전문적이면서도 엄밀하게 구성된 이 작품은 동물과 인간의 주요 기능에 대한 연구다. 이 책에는 감각과 사고에 대한 놀라운 분석이 들어 있다.

*La Poétique*시학, M. Magnien, Le Livre de Poche, 1990.

아리스토텔레스는 이 책에서 비극에 대해 다루고 있다. 후반부에서 희극을 다루었던 것 같은데 그 부분은 발견되지 않았다. 움베르토 에코가 『장미의 이름』에서 이를 흥미진진한 음모 이야기의 모티프로 삼았다. 아리스토텔레스의 미학적 고찰은 고대 비극 장르가 유행이 지난 오늘날에도 계속해서 적절함을 유지하고 있다.

La Politique, J. Tricot, Vrin, 1962(국역본: 『정치학』, 천병희 옮김, 숲, 2009).
아리스토텔레스는 정치적인 문제에도 많은 지면을 할애했다. 아테네의 거류 외국인이었던 그는 아마 도시국가의 이상에 대한 최고의 이론가이자 최고의 옹호자일 것이다. 한나 아렌트를 필두로 현대의 많은 철학자가 아리스토텔레스의 정치 사상을 계속해서 표방하고 있다.

각종 해설서

미셸 크뤼벨리에Michel Crubellier, 피에르 펠르그랭Pierre Pellegrin, 『철학자 아리스토텔레스와 지식Aristote, le philosophe et les savoirs』, Seuil, 2002.
아리스토텔레스의 전체 사상에 대한 탁월한 입문서. 아리스토텔레스의 사상이 망라하는 드넓은 영역에 대해 개관하는 저작이다. 발췌문이 넉넉하게 실려 있어서 다양한 분석과 더불어 아리스토텔레스의 글을 읽을 수 있다.

피에르 오방크Pierre Aubenque, 『아리스토텔레스의 실천적 지혜La Prudence chez Aristote』, PUF, 2002.

저자는 아주 위대한 아리스토텔레스 전문가로서 아리스토텔레스 사상을 해석하는 데 지속적인 영향을 미쳤다. 이 저작은 아리스토텔레스의 도덕철학을 깊이 연구하려 하는 사람에게는 필수적인 고전이다.

알래스데어 매킨타이어Alasdair MacIntyre, 『덕의 상실Après la vertu』, PUF, 2006(국역본: 『덕의 상실』, 이진우 옮김, 문예출판사, 1997).

1960년대 초반부터 탁월성의 윤리학을 명시적으로 표방하는 도덕적 구상이 영미 문헌에 등장했다. 오늘날 아리스토텔레스에게 돌아가자는 지지자들이 많이 있는데, 그들은 아리스토텔레스가 정의한 그런 '탁월성'의 빛에 비추어 우리가 처한 도덕적 딜레마를 다시 보자고 제안한다. 당신이 지금 손에 들고 있는 이 책은 그런 영미 도덕철학 흐름에 많은 빚을 지고 있다. 매킨타이어의 저작은 아리스토텔레스가 어떤 점에서 그 어느 때보다도 더 현실성을 갖고 있는지를 이해할 수 있는 흥미롭고 주목할 만한 길을 제시한다.

옮긴이의 말

저자의 말 그대로 이 책은 단순히 읽기 위한 책이 아니라 사용하기 위한 책이다. 이런 집필 의도에 걸맞게 책의 첫머리에 '활용법'이 수록되어 있을 뿐 아니라 각 장의 말미에 독자가 직접 답해야 할 질문과 실습을 권하는 행동 지침도 붙어 있다.

사정이 이렇다 보니 옮긴이가 나서서 독자에게 '독서 안내' 같은 것을 제공하는 식의 후기는 적절하지 않다는 생각이 든다. 독자보다 더 잘 행동하고 더 잘 산다고 결코 말할 수 없는 옮긴이로서는 조언을 할 만한 자격도 없을뿐더러 선부를 수밖에 없는 조언은 과잉 친절과 참견을 넘어 성가신 방해가 될지도 모르니 말이다.

더구나 이 책의 2부에서 저자가 다음과 같은 이야기를 하고 있음에야 아무래도 옮긴이는 눈에 띄지 않는 곳에 있는 것이 좋을 듯하다.

"우리가 걸어갈 길을 평탄하게 만들어주려 하는 사람들은 그와 동시에 우리에게서 걸어가는 즐거움을 빼앗아간다. (……) 다른 사람의 자리를 대신해서 행동하라고 부탁하지는 않았단 말이다. (……) 지나친 배려로 방해하지 않기를 바란다."

그래도 응원과 바람의 말 한마디쯤은 보태도 되지 않을까? 부디 이 책을 읽는 일이, 아니 사용하는 일이 독자 여러분이 멋지게 살아가는 데 도움이 되기를 바란다. 그리고 그럴 수만 있다면 정말이지 내키는 대로 읽고 마음껏 활용하시기를 권한다.

그리고 번역문의 초고를 읽고 중요한 지적을 해준 김용우 군에게 감사의 말을 전한다.

김정훈

무기력한 날엔 아리스토텔레스

개정판 1쇄 발행일 2018년 8월 6일
개정판 2쇄 발행일 2019년 11월 5일

지은이 다미앵 클레르제-귀르노
옮긴이 김정훈
펴낸이 정은영

펴낸곳 (주)자음과모음
출판등록 2001년 11월 28일 제2001-000259호
주소 04047 서울시 마포구 양화로6길 49
전화 편집부 (02)324-2347, 경영지원부 (02)325-6047
팩스 편집부 (02)324-2348, 경영지원부 (02)2648-1311
이메일 inmun@jamobook.com

ISBN 978-89-544-3867-4 (04160)
978-89-544-3869-8 (set)

잘못된 책은 구입처에서 교환해드립니다.

이 도서의 국립중앙도서관 출판시도서목록(CIP)은 서지정보유통지원시스템 홈페이지(http://seoji.nl.go.kr)와 국가자료공동목록시스템(http://www.nl.go.kr/kolisnet)에서 이용하실 수 있습니다.(CIP제어번호: CIP2018011455)